ars vivendi

FRANKEN

Wohlfühlorte für Leib & Seele

Michael Kniess und Johannes Wilkes

Ein ars vivendi Freizeitführer

Bei der Realisierung dieses Buches ließen wir größtmögliche Sorgfalt walten. Falls dennoch Informationen falsch oder inzwischen überholt sein sollten, bedauern wir dies, können aber auf keinen Fall eine Haftung übernehmen.

Korrekturvorschläge und Anmerkungen an: lektorat@arsvivendiverlag.de

Bildnachweis:
S. 18: AdobeStock/Sina Ettmer; S. 24: AdobeStock/Henry Czauderna; S. 26: Stadt Neustadt b. Coburg/Michael Tonn; S. 36: picture alliance/AP Images/Jens Meyer; S. 41: Sebastian Metzdorf; S. 48/49: AdobeStock/Simone Werner-Ney; S. 56 (unten): SkF Bamberg; S. 62: STWB/Markus Reinfels; S. 63 (rechts): STWB/Daniel Loeb; S. 82/83: mauritius images/Martin Siepmann; S. 85: D. u. K. Hopfengärtner; S. 96 u. 97: Entla's Keller; S. 98: Wohnstift Rathsberg; S. 102: Steinbach Bräu; S. 127: Dehnberger Hof Theater; S. 130: Stadt Röthenbach; S. 137 (oben): Carina Dürrler; S. 140 (oben): Airport Nürnberg; S. 143: DFMG Deutsche Funkturm GmbH; S. 144: R. Meyer; S. 145: M. Hoffmann; S. 153: Zum Gulden Stern; S. 157: Lisa Kniess; S. 178: Flughistorische Forschungsgemeinschaft Gustav Weisskopf; S. 184: Eco Lodges; S. 188: Bergwaldtheater Stadt Weißenburg; S. 196 (oben): Touristinfo Bischofsheim i. d. Rhön; S. 201: Metzgerei Freund; S. 203: © Schweinfurt 360°/S. Obert; S. 207: mauritius images/imageBROKER/Martin Siepmann; S. 214: Bayerische Staatsforsten AöR Martin Hertel; S. 215: Bayerische Staatsforsten AöR Miriam Langenbucher; S. 222: mauritius images/imageBROKER/Wilfried Wirth; S. 225: Deutsches Röntgen-Museum; S. 226: Weingut Juliusspital Würzburg; S. 232/233: Tourist Information Iphofen
Die übrigen Fotografien stammen von den Autoren.

FSC www.fsc.org
MIX
Papier aus verantwortungsvollen Quellen
FSC® C089473

Erste Auflage 2021

www.arsvivendi.com

Umschlag: ars vivendi verlag
Umschlagfotografien: © Michael Kniess und Johannes Wilkes
Satz und Übersichtskarte: Christine Richert, www.typoholica.de
Lektorat: Carmen Wurm
Druck: Beltz Grafische Betriebe GmbH, Bad Langensalza
Printed in Germany
ISBN 978-3-7472-0312-5

INHALT

Vorwort 11

✖ Der Mittelpunkt des Frankenlandes –
der Drei-Franken-Stein 13

OBERFRANKEN

1 Theresienstein – der schönste Park Deutschlands 16
2 Der Sprung in die Freiheit 18
3 Himmlisches Höllental 20
4 Alexander von Humboldt: in letzter Sekunde 22
5 Der Rennsteig im Winter 24
6 Generalversammlung der Gartenzwerge 25
7 Spielparadies mit Erholungswert 26
8 Ein wundersames Schwalbennest 28
9 Aber bitte auf Zapfen: die Coburger Bratwurst 30
10 Erntedank in Vierzehnheiligen 32
11 Das Lied der Franken 34
12 Donald Duck – die fränkischste aller Enten 35
13 Wo Franken am hellsten glänzt 36
Wenn das Handy ausfällt 37
14 »Glückauf!«: Geheimnisse unter Tage 38
15 Currywurst vom Sternekoch am Freibadkiosk 40
16 Krafttankstelle für die Seele 42
17 Folichon – der Hund von Wilhelmine 44
18 Baille-Maille-Allee 45
19 Das Liebesschloss an der ersten aller Mainbrücken 46
Herbststimmung am Fichtelsee 48
20 Leckere Liköre 50

21 Auf dem Poetenweg 51
22 Morgenland in Sanspareil 52
23 Schloss Fantaisie bittet zum Tanz! 53
24 Gehen wir rollwenzeln! 54
25 Ein Ort mit Aussicht 56
26 Kundenorientierung auf Fränkisch 58
27 »A Kaffee ohne Hörnla schmeckt wie a Kuss ohne Schnörrnla« 60
28 Das oberfränkische Malibu 62
29 Süßholzraspeln wörtlich genommen 64
30 Die blaue Grotte 66
Fluchtweg im Wald 67
31 Der Ölberg von Burgebrach 68
32 Natur pur im Leidingshofer Tal 70
33 Bierselige Wanderung mit Nährwert 72
34 Biber is back 74
35 Auf Du und Du mit Bambi 76
36 Echt anziehend! 77
37 Stein mit Durchblick 78
38 Auf dem Schwarzen Keller von Weigelshofen 80
39 Zauberblick von der Vexierkapelle 82
40 Genussreise rund ums Walberla 84
41 Der Lillach lauschen 86

MITTELFRANKEN

1 Stilvoll heiraten im Schloss Adelsdorf 90
2 Schicht im Schacht oder: Wie ein Storch dem Brauer das Handwerk legte 92
3 Karpfen poetisch 94
4 In der heiligen Unterwelt der Bierbrauer 96
5 Kaffee, Kultur und Panoramablick 98

Der Erlanger Leuchtturm 99
6 Friedrich Rückert und die Kunst zu trauern 100
7 Auf ein »Seidla« mit dem Storch 102
8 Franken alpin 104
9 Das Ohmsche Gesetz 106
Schwierige Frage: Wo endet das Frankenland? 107
10 Märchenhafte Unterwelt 108
11 An und auf der jungen Pegnitz 110
12 Am schönsten Arsch der Welt 112
13 »Betreten und Entdecken erwünscht« 114
Fränkische Kellnerinnen 116
14 Ich stand auf Berges Halde … 117
15 Über den Dächern von Hersbruck 118
16 Druckfrisch von »Anno dazumal« 120
17 Italiens nördlichstes Panorama 122
18 Wenn die Friseur-Weltmeisterin die Schere wetzt 123
19 Krippen, so weit das Auge reicht 124
20 Künstler und Publikum auf Augenhöhe 126
21 Über den Dächern von Lauf 128
22 Dahlien über Dahlien: das Blumenfest 130
23 Ausstellungen in luftiger Höhe 132
24 In der Löwengrube 134
25 »Ja-Wort« zwischen Tomaten, Gurken und Salat 136
26 Ein Friedhof, der keiner ist 138
27 Wo Abschiedsschmerz auf Wiedersehensglück trifft 140
28 Nürnberg hat den Längsten 142
29 »Weißt du, wie viel Sternlein stehen?« 144
30 Der regierende Geist der Dampfmaschine 146
31 Der schönste Blick über Nürnberg 148
32 Was Till Eulenspiegel in Nürnberg anstellte 150
33 Die älteste Bratwurstküche der Welt 152
34 »Hosd an Zwetschga im Haus, gäid dir es Geld und Gligg ned aus« 154

35 Der frühe Vogel hat mehr vom Zoo 156
36 Tränen, Freude, Frust und noch viel mehr 158
37 Radeln und träumen am Ludwigskanal 160
38 Take-away auf Fränkisch 162
39 Jugendstilvoll genießen! 164
40 Farbenspiel über den Gräbern 165
41 Steine lassen Geschichte lebendig werden 166
42 Wo sich Pegnitz und Rednitz vereinen 168
43 Ein Bierchen auf dem Solarberg 170
44 Fränkische Antwort auf Nutella 172
45 Die heilenden Quellen von Wildbad 174
46 Ein verschütteter Tropfen gebiert ein Meisterwerk 176
47 Der erste Motorflug 178
48 Wo Franken am preußischsten ist 179
49 Kaspar Hauser – Mord oder Selbstmord? 180
50 Eine Fränkin als musikalische Botschafterin 182
51 Wenn es Meer sein muss 184
52 Der Herkules von Biriciana 186
53 Natur-Schauspiel unter Sternenhimmel 188

UNTERFRANKEN

1 Gespenstisch im Nebel, magisch im Sonnenschein 192
2 Zu Besuch bei Adam und Eva in der Rhön 194
3 Hoch, höher, Kreuzberg 196
4 Weight-Watching in Bad Kissingen 198
Dieser Platz ist für Sie reserviert! 200
5 Bratwurst-Experimente 201
»Home is where my slaughter-bowl is« 202
6 Pompeji am Main 204
7 Es lebe die Verfassung! 206
8 Das fränkische Quittenparadies 208

9 Der Lump! 210
10 Der Mittelpunkt der EU 212
11 Wald aus einer völlig neuen Perspektive 214
12 Das Raumwunder von Kloster Ebrach 216
13 Es raschelt die Mühle am rauschenden Bach … 218
14 Hilfe bei Liebeskummer 220
15 Die Tugenden des wahren Franken 222
Frankenland, Fahrradland 224
16 Röntgenstrahlen 225
17 Die Choreografie der Weinlese am Würzburger Stein 226
18 Ein Schoppen auf der Alten Mainbrücke 228
19 Morgenmuffel 230
Net auf 231
20 Ein lehrreicher Spaziergang mit Aussicht 232

Unser Dank gilt … 234

Register 235

Vorwort

Die eine Wanderung vorbei an blühenden Feldern und Wiesen, die für immer in Erinnerung bleibt und uns auch noch nach vielen Jahren beim bloßen Gedanken daran Frühlingsduft in die Nase zaubert. Der eine Theaterabend unter dem Sternenhimmel, der die Liebe zur Kultur entfacht hat. Der eine herzhafte Biss, der uns sicher macht, das Zuhause des weltbesten Gebäckstücks gefunden zu haben. Der eine Sonnenuntergang, der uns nicht mehr daran zweifeln lässt, endlich den Ort entdeckt zu haben, an dem das Wort Abendfrieden erfunden worden sein muss. Der eine besondere Blick über die Dächer der Stadt, der uns vom ersten Moment an in seinen Bann zieht und nicht mehr loslässt. Der eine Biergartenbesuch, von dem man sich wünscht, er möge niemals durch die Sperrstunde beendet werden. Es gibt viele dieser sehenswerten Orte, die wir mit Erlebnissen verbinden, welche uns für immer in Erinnerung bleiben.

Bei unseren zahlreichen Erkundungstouren durch Franken haben wir bereits viele dieser Wohlfühlorte kennenlernen dürfen, die Leib und Seele guttun. Es war uns ein Anliegen, diese in einem Buch zusammenzuführen. Mal sind die Orte magisch, mal genussvoll, mal kulturell, mal mit einem Augenzwinkern zu sehen, mal laden sie zum Aktivsein ein oder auch zum Nichtstun. Immer aber sind sie facettenreich, einzigartig, individuell und vielseitig. So wie Franken eben ist: ein Mosaik aus vielen Steinchen an noch mehr Orten. Wir hoffen, dass wir Ihnen Appetit machen können auf »unser« Franken.

Herzlichst,
Michael Kniess & Johannes Wilkes

→ Aufgrund der sich aktuell häufig ändernden Öffnungszeiten und Eintrittspreise verzichten wir bei vielen Orten auf diese Angaben und verweisen bei den Infos am Ende der Kapitel auf die entsprechenden Internetseiten.

MITTEL
FRANKEN
UNTER
FRANKEN

Der Mittelpunkt des Frankenlandes – der Drei-Franken-Stein

Drei-Franken-Stein? Das Zentrum Frankens? Kennern der fränkischen Landesgeschichte entlockt der Stein nur ein feines Lächeln. Einen Punkt zu definieren, der die politische Mitte des stolzen Landes kennzeichnet, ist ein Ding der Unmöglichkeit. Zu vielfältig sind die Verhältnisse in Franken immer gewesen. Da gab es die Fürstbistümer von Würzburg, Eichstätt und Bamberg, die Markgrafschaften Bayreuth und Ansbach, die freien Reichsstädte, allen voran Nürnberg, darüber hinaus auch freie Reichsdörfer und noch manch andere Herren. Franken war eben nie ein zentralistisches Königreich, die Franken hätten das auch niemals zugelassen, ihre Eigenständigkeit geht ihnen bis heute über alles. Frank bedeutet frei. Umso größer war 1806 der Schock, als man plötzlich den Bayern zugeschlagen wurde. Montgelas, der einflussreiche Minister, hatte sich an Napoleon und seinen Departements ein Vorbild genommen und teilte das Königreich Bayern in Verwaltungsbezirke ein, die nach Flüssen benannt wurden. In Franken waren das der Obermainkreis mit Bayreuth als Regierungssitz, der Untermainkreis mit Würzburg und der Rezatkreis mit Ansbach. Die Grenzen wurden so gezogen, dass der jeweilige Chefverwalter mit nur einem Tagesritt jede Ecke seines Kreises erreichen konnte. Aus den Kreisen machte man später mit leichten regionalen Korrekturen die fränkischen Bezirke, am Drei-Franken-Stein stoßen sie zusammen. Er ist aus einem 2,80 Meter hohen Findling aus Muschelkalk gestaltet. Mit nur einem Satz kann man von Unter- nach Mittel- nach Oberfranken hüpfen, lustig im Kreis herum. Und sich danach an den Info-Tafeln über die Highlights der drei Bezirke informieren, deren Wappen die Seiten des Drei-Franken-Steines zieren.

Johannes

→ Der Drei-Franken-Stein liegt im Naturpark Steigerwald. Anfahrt mit dem Auto über die A 3, Ausfahrt Schlüsselfeld oder Geiselwind Richtung Burghaslach, dann der Beschilderung folgen.

OBERFRANKEN

1 Theresienstein – der schönste Park Deutschlands

Der schönste Park Deutschlands, so die Auszeichnung aus dem Jahre 2003, liegt vor den Toren der Stadt Hof. Zugleich ist er einer der ältesten Bürgerparks Deutschlands, bereits 1816 wurde er angelegt. Ursprünglich trug er den Namen Fröhlichenstein. Nachdem im August 1836 Königin Therese von Bayern den Park und das im klassizistischen Stil errichtete Ausflugslokal besucht hatte, taufte man den Garten ihr zu Ehren um. – Ein neuer Name? Nur wegen eines einzigen Besuchs? Nun, der Besuch war nur der Anlass, der wahre Grund aber ein anderer: die tiefe Liebe und Verehrung des Volkes für seine Königin. Während ihr Mann, König Ludwig I., nicht nur wegen seiner zahlreichen Affären unbeliebt war, genoss Therese höchste Verehrung. Sie hatte ein großes Herz für die einfachen Leute, setzte sich dafür ein, Armut und Krankheit zu lindern, Waisenkindern ein warmherziges Zuhause zu bieten und eine gute Schulbildung. Vielleicht hatte sie

Vielfalt prägt die Anlagen des Bürgerparks Theresienstein.

einen Blick dafür, wann eine helfende Hand gebraucht wurde, weil sie selbst nicht im Luxus aufgewachsen war. Sie stammte aus Hildburghausen, einem kleinen Fürstentum, das so verarmt war, dass es unter Finanzaufsicht gestellt werden musste. Am Hof – im fränkisch geprägten Hildburghausen wird man von einem Höfla gesprochen haben – war das Geld so knapp, dass es selbst an Seife fehlte. Dennoch warb Kronprinz Ludwig von Bayern um ihre Hand und heiratete sie dann fast überstürzt, als er hörte, dass Napoleon ein Auge auf sie geworfen hatte. Am Tag der Hochzeit litt Therese an heftigen Zahnschmerzen – nicht nur erfahrene Psychosomatiker werden da hellhörig. Ein Pferderennen mit landwirtschaftlichem Fest fand ihr zu Ehren auf einer südlich von München gelegenen Wiese statt, das Volk liebte seine neue Königin, es wurde so ausgelassen gefeiert, dass man das Fest jedes Jahr wiederholte und die Wiese Theresienwiese nannte. Das Oktoberfest – ohne die fränkische Braut wäre es nicht erfunden worden. Tragisch war das Ende von Therese. Eine Choleraepidemie hatte in München gewütet und an die 8000 Tote gefordert. Als Dank für das Ende des Schreckens feierte man mit Königin Therese einen Gottesdienst. Dabei soll sich Therese infiziert haben und erlag wenig später der Krankheit. Der Kummer im Volk war riesig. Man hatte mehr verloren als eine Königin, Therese war den Menschen eine Freundin.

Der Bürgerpark Theresienstein besticht durch die Vielfältigkeit seiner Anlagen. Es gibt eine künstliche Ruine mit einem Aussichtsturm, einen Pleasureground, einen Sonnentempel, einen Löwen, auf dem man reiten kann, und zahlreiche andere Attraktionen auf dem steilen Hügel, um den sich die Saale schlängelt. Ein Botanischer Garten und ein kleiner Zoo gehören ebenfalls dazu, im palastartigen, im Jugendstil neu errichteten Parklokal lässt sich wunderbar einkehren (Sanierung zum Zeitpunkt der Drucklegung noch nicht abgeschlossen.)

Johannes

→ Der Park ist jederzeit frei zugänglich (der Zoo kostet Eintritt). Empfohlen wird der Zugang zum Park vom kostenlosen Parkplatz in Hof in der Plauener Straße.

2 Der Sprung in die Freiheit

Wenn man jeden Tag durch die Sperrzone fährt. Wenn man jeden Tag hinter den Sperranlagen und den Zäunen die Freiheit sieht, wenn man sich jedes Mal vorstellt, wie das Leben wohl verlaufen würde, könnte man selbst im Westen leben. Wenn man weiß, dass man nicht nur nach Bayern, sondern nach Österreich oder Italien fahren könnte, nach Amerika, nach Afrika, nach Australien, egal, wohin man will. Dann steigt die Sehnsucht, dann brennt bald alles in einem danach, den Schritt zu wagen, zumal, wenn man ein junger Mann ist, der das Leben noch vor sich hat. Ja, das Leben! Die Flucht könnte das Leben kosten, wie viele haben schon bitter für ihren Mut bezahlt. Was aber ist ein Leben ohne Freiheit wert?

Wie aber soll er es anstellen? An die Mauer heran, das ist nicht das Problem, er hat eine Sondergenehmigung, er fährt regelmäßig Schichtarbeiter der VEB Göttengrün durch die Sperrzone, dicht an der Mauer vorbei. Wie aber hinüberkommen? Selbst

Deutsch-deutsche Geschichte wird in Mödlareuth lebendig.

wenn er auf das Autodach steigt, reicht es nicht. Er muss höher hinauf. So kommt er auf die Idee mit der Leiter, einer Spezialleiter, die er auf das Autodach stellen kann. Auf der westlichen Seite der Mauer verläuft als Grenzfluss der Tannbach, einen Sprung ins Wasser kann er riskieren. So besorgt er sich Eisenrohre und beginnt heimlich zu schweißen, schweißt sich seine Himmelsleiter zusammen. Am 25. Mai 1973, einem Freitag, packt er die Leiter ein und hält an einem schwer einsehbaren Abschnitt dicht an der Mauer. Wenn ihn die Grenzposten erwischen, ist es aus. Es gilt der Schießbefehl, das ist ihm bewusst. Er hat jeden Handgriff fest im Kopf gespeichert, springt aus dem Wagen, stellt die Leiter ans Auto, klettert auf das Dach, zieht die Leiter hinauf, steigt Sprosse um Sprosse hinauf bis zur Mauerkrone, fasst nach dem Betonrand, schwingt sich hinüber und landet spritzend im Bach. Geschafft! Er ist im Westen! Ein neues Leben liegt vor ihm!

Die einzige gelungene Flucht von Mödlareuth ist im Freilichtmuseum dokumentiert, wie alles andere, das mit den Grenzanlagen zu tun hat. Ein erschütterndes, hautnah zu erlebendes Stück deutscher Geschichte. »Little Berlin« hatten die amerikanischen Soldaten Mödlareuth genannt, eine mehrteilige, preisgekrönte Fernsehserie erzählt vom Leben an und mit der Grenze. *Tannbach* heißt die Produktion, sehenswert, wenngleich die Menschen seltsamerweise bayerisch sprechen und nicht fränkisch, angeblich, weil das schöne Fränkisch keiner verstehen würde. Allmächdd! Über so etwas kann der echte Franke nur lächeln.

Heute ist es eine Freude zu sehen, wie Ost und West wieder zusammengewachsen sind. Zwar ist Mödlareuth administrativ weiter getrennt – der thüringische Teil gehört zur Stadt Gefell, der bayerische zur Gemeinde Töpen – die Herzen auf beiden Seiten aber schlagen fränkisch, und darauf kommt es schließlich an.

Johannes

→ Deutsch-Deutsches Museum Mödlareuth, Mödlareuth 13, 95183 Töpen, www.museum-moedlareuth.de. Außenanlagen jederzeit zu besichtigen.

3 Himmlisches Höllental

Wer ist nur auf den Namen gekommen? Höllental! Vielleicht erschien früheren Generationen der enge Taleinschnitt als Eingang zur Unterwelt, vielleicht lag es auch an dem sprudelnden Wasser aus den Klüften, das zwar schmackhaft und erfrischend war, aber doch etwas Unheimliches an sich hatte, sodass man den Ort am Eingang zum Tal Hölle taufte? Oder lag es daran, dass der Teufelszug Adolf Hitlers auf dem Weg von der Reichshauptstadt Berlin zum Ferienhäuschen auf dem Obersalzberg bei Berchtesgaden, der nur durch die dunkle Nacht fuhr, weil er das Licht scheute, tagsüber im Kesselbergtunnel abgestellt wurde? Die Fantasie wurde durch dieses wundersame Tal auf alle Fälle angeregt, so nannte man einen Aussichtspunkt »König David«, eine Felsspitze »Hirschsprung«, weil angeblich gejagte Hirsche in höchster Not über das Tal gesprungen seien. Vielleicht hat

Ein bequemer Wanderweg führt durchs Höllental.

der Name des Tals Touristikmanager animiert, etwas Himmlisches dagegenzusetzen. So planten sie einen Weg durch das Himmelsblau, hoch über das Höllental hinweg, eine der längsten Fußgängerbrücken ihrer Art auf dem ganzen weiten Erdenrund. Der Franke sagt zwar »Brauch mer nedd«, andere aber sehen das anders und träumen vom Anfang eines neuen touristischen Aufschwungs für den nördlichen Frankenwald. Doch auch ohne die Brücke lohnt sich die Reise ins Tal der Selbitz. Lange war es abgesperrt, wehte doch der Eiserne Vorhang am nördlichen Ende. Seit der Wende aber führt wieder ein Wanderweg (den auch Radfahrer nutzen dürfen), Teil des legendären Frankenwegs, bequem am Ufer entlang und trifft am Talausgang bei Blankenstein auf den Rennsteig, der die nördliche Grenze des fränkischen Sprachraums markiert. Besuchen Sie das Schaubergwerk Friedrich-Wilhelm oder staunen Sie über den hoch in die Luft schießenden Wasserstrahl des Kraftwerks Höllental, eine 36 Meter hohe Fontäne, die sich nur aus unterirdischen Kräften speisen kann. Einfach himmlisch!

Johannes

→ Ob die mehr als einen Kilometer lange Brücke bereits 2022 begangen werden kann, steht noch in den Sternen.

→ Naturpark-Informationszentrum im ehemaligen Bahnhof Blechschmidtenhammer. Ausführliche Informationen über Natur und Region unter www.naturpark-frankenwald.de.

→ Besucherbergwerk Friedrich-Wilhelm-Stollen, das einzige im Frankenwald. Der Stollen wurde im Jahr 1831 von Alexander von Humboldt projektiert, www.friedrich-wilhelm-stollen.de.

→ Wen es statt in die Hölle ins Paradies zieht: kein Problem! Das Paradiestal in der Fränkischen Schweiz ist ein wunderbares Ausflugsziel (Seitental der Wiesent, Naturidyll bei Stadelhofen und Königsfeld, Landkreis Bamberg).

4 Alexander von Humboldt: in letzter Sekunde

Es gibt sicher viele Gründe, nach Bad Steben zu reisen: eine Kur, Wanderungen im schönen Frankenwald oder auch die futuristische Spielbank. Nicht verpassen sollte man, sich das Haus anzusehen, in dem der junge Alexander von Humboldt gelebt und gearbeitet hat. Die Markgrafschaft Bayreuth war 1791 an die preußische Verwandtschaft verkauft worden, aus Berlin hatte man Humboldt als Bergassessor nach Steben geschickt, die Schätze in den Bergen zu erkunden. Doch Alexander von Humboldt war mehr als ein Wissenschaftler, er war ein großer Freund der Menschen. Das Schicksal vieler Bergleute rührte ihn. Ihre gefahrvolle Arbeit zu erleichtern, sie besser zu schützen, auch darum kümmerte er sich intensiv. So richtete er in Steben auf eigene Kosten eine Bergbauschule ein und schrieb gleich das passende Lehrbuch dazu. Große Gefahren lauerten unter Tage, etwa, wenn die Lampe versagte und man bei völliger Dunkelheit den Weg hinausfinden musste. Grubenlampen wurden mit Pet-

roleum betrieben, wenn es zu Sauerstoffmangel kam, erlosch das Licht, was leicht passieren konnte. Wie aber konnte eine Lampe unabhängig vom Sauerstoffgehalt der Grubenluft brennen? Es gab nur eine Möglichkeit: Die Lampe musste den Sauerstoff in sich tragen. Humboldt entwarf eine raffinierte Konstruktion, ein geschlossenes System, bei dem langsam tropfendes Wasser aus einem sanduhrähnlichen Glas den Sauerstoff im unteren Glas verdrängte, sodass dieser nach und nach in eine dritte Kammer strömte, in der die Flamme brannte. Ob die Lampe aber auch in der Praxis funktionierte? Zu diesem Zweck richtete der junge Wissenschaftler tief in einer Grube einen Verschlag mit faulenden Brettern ein, die den Sauerstoff verbrauchten, setzte sich daneben und wartete mit seiner Lampe ab, was wohl geschah. Der Sauerstoff wurde weniger und weniger, schließlich begann es Humboldt zu schwindeln, bis er ohnmächtig zu Boden sank. Zum Glück kam ihm ein vor der Höhle wartender Freund zu Hilfe und schleppte den Bewusstlosen in letzter Sekunde nach draußen an die frische Luft. Als Humboldt wieder zu sich kam, fiel sein Blick als Erstes auf die Lampe. Sie brannte immer noch! Es hatte funktioniert. Damit würde er nun alle Bergleute ausrüsten, dass sie stets den Weg zurück ins Freie fänden.

Johannes

→ Alexander von Humboldt wohnte von 1792 bis 1795 im ehemaligen markgräflichen Jagdschloss. Das Haus ist in Privatbesitz und nur von außen zu besichtigen (aufwendige Restaurierung in den letzten Jahren).

5 Der Rennsteig im Winter

Will man die nördliche Grenze Frankens erkunden, bietet sich eine »Runst« an, die legendäre Wanderung entlang des Rennsteigs. Der älteste und meistbegangene Weitwanderweg Deutschlands folgt der Kammlinie des Thüringer Waldes. Besonders malerisch ist die Tour im Winter, wenn sich die Fichten unter der Last des Schnees beugen und man schwungvoll die Loipe entlanggleitet. Von den nördlichen Hängen tönt es Thüringisch hinauf, von den südlichen Fränkisch, überall aber wird man herzlich empfangen und bewirtet. Verlaufen kann man sich nicht. Einfach nur dem weißen »R« folgen, dem »Mareile« – wer Lust hat, 169 Kilometer weit.

Johannes

→ Auch in Teiletappen gut begehbar. Der traditionelle Gruß »Gut Runst« leitet sich von »rennen« ab. Die Wegmarkierung, das weiße »R«, nennt sich auch »Mareile« nach der feschen Försterstochter Maria Sauer vom Waldhaus Waidmannsheil. Wem es unangenehm ist, bei der Runst zu vielen Wanderern zu begegnen, der wandere in geraden Jahren von West nach Ost, in ungeraden aber von Ost nach West. So ist es alter Brauch.

→ Die Einstiegsorte sind so zahlreich, wie der Rennsteig lang ist. Persönliche Lieblingsetappe: von Oberhof nach Westen.

Generalversammlung der Gartenzwerge 6

Zu den Zwergen haben die Franken ein ausgesprochen inniges Verhältnis. Nicht nur Schneewittchen stammt aus Franken – man kann das tausendmal schönere Mädchen in seiner Heimatstadt Lohr am Main bewundern –, die Zwerge haben ebenfalls fränkisches Blut. Das liegt sicherlich auch daran, dass man in vielen Gegenden Frankens Schätze aus den Bergen geborgen hat, eine Arbeit, für die Zwerge in besonderer Weise geeignet waren. So verwundert es auch nicht, dass die ungekrönte fränkische Zwergenhauptstadt in einem Gebirge zu finden ist, in Steinwiesen an der Rodach im schönen Frankenwald. Die Zwergenlandschaft, die sich hier ausbreitet, ist einfach riesig!

Johannes

Spielparadies mit Erholungswert

Man könnte ihn Kleinod nennen, doch eigentlich passt das nicht. Denn er misst fast 40.000 Quadratmeter. Welche Bezeichnung ihm aber in jedem Fall gerecht wird: Spielparadies. Denn der Freizeitpark »Villeneuve-sur-Lot« in Neustadt bei Coburg (er ist benannt nach der französischen Partnerstadt) bietet alles, was das kindliche, jugendliche und jung gebliebene Herz begehrt. Er ist eine echte Alternative zu all den großen und teuren Freizeitparks, und das auch noch vor der eigenen Haustür. Die Kleinsten können als mutige Seeräuber das Piratenboot entern oder am Teichufer und Wasserspielplatz planschen und matschen. Wer mutig ist, kann sich an der Kletterschlucht beweisen. Sportskanonen kommen beim Fußball, Beach-Volleyball oder im Skatepark voll auf ihre Kosten. Und Ruhesuchende spazieren einfach durch die bunte Pflanzenwelt des ehemaligen Gartenschaugeländes oder lassen an den idyllischen Sitz- und Ruheplätzen mal Fünfe gerade sein, vorausgesetzt, der Nachwuchs hat nichts dagegen. Manchmal hilft aber ja auch ein überzeugendes Argument: Gegen ein Eis aus dem Seecafé als »Tauschmittel« für eine kleine Auszeit haben nur die wenigsten Kinder etwas einzuwenden. Wenn es allerdings um den Aufbruch nach Hause geht, braucht es mitunter etwas mehr Überredungskünste. Es ist aber auch zu schön hier!

Michael

→ Freizeitpark »Villeneuve-sur-Lot«, Am Moos, 96465 Neustadt b. Coburg. Vom 1. Mai bis 30. September ist der Freizeitpark täglich von 8 bis 22 Uhr geöffnet, vom 1. Oktober bis 30. April täglich von 9 bis 20 Uhr. Der Eintritt ist frei. Für den kleinen Hunger und großen Durst bietet sich ein Besuch des *Seecafés* an. Im Laufe des Jahres finden verschiedene Veranstaltungen statt, zum Beispiel die »Spielzeug-Rallye«, bei der alljährlich im Mai alle kleinen und großen Besucher an verschiedenen Spielstationen ihr Geschick und Glück beweisen können. Auch im Winter wird es nicht langweilig: Bei entsprechender Wetterlage sind Rodeln oder Eislaufen möglich.

Im Spielparadies »Villeneuve-sur-Lot« darf nach Herzenslust gematscht und geplanscht werden.

Ein wundersames Schwalbennest

Auch Vogelnester können Geschichten erzählen, die vielleicht schönste erzählt dieses Schwalbennest. Als der große Dichter und Sprachgelehrte Friedrich Rückert von einer ausgedehnten Frühlingswanderung in sein geliebtes Haus in Neuses bei Coburg zurückkehrte, bemerkte er eine Schwalbe, die durch das offene Fenster seines Arbeitszimmers flog, um direkt über seinem Schreibtisch ein Nest zu bauen. Was hätten Sie an Rückerts Stelle getan? Wir wüssten es genau, wir hätten gewartet, bis die

Das ehemalige Wohnhaus von Friedrich Rückert ist einer der Orte, die man auf seinen Spuren in Coburg besuchen kann.

Schwalbe hinausgeflogen wäre, und hätten das Fenster sogleich fest verschlossen. Nicht nur, weil ein Nest in einem Zimmer nun mal nichts verloren hat, sondern auch der Spuren wegen, welche Schwalben zu hinterlassen pflegen. Anders Friedrich Rückert. Vielleicht dachte er an das Glück, das ihm mit seinen eigenen Kindern geschenkt worden war, zehn an der Zahl. Friedrich Rückert ließ das Fenster offen, ging leise aus dem Zimmer und verschloss die Tür hinter sich. Niemand sollte die Schwalbe stören. So flog sie ein und aus, legte ihre Eier ab, brütete sie aus, und erst, als das letzte Schwalbenkind fröhlich ins Freie gesegelt war, schloss Rückert das Zimmer wieder auf.

Aus 44 Sprachen hat der Dichter kongenial übersetzt, eine weitere muss hinzugefügt werden: die Sprache der Natur. Auch sie hat sich Friedrich Rückert mit Liebe angeeignet.

Johannes

→ Glücklichen Umständen und dem herzlichen Sinn der Familie ist es zu verdanken, dass das Nest weiter an der Wand klebt. Gehen Sie es besuchen! Die Wohnräume sind im Original erhalten, ein lebendiges Museum mit einem wunderschönen Garten, der nach Plänen Friedrich Rückerts wiederhergestellt ist. Auf dem Kirchhof der nahen Kirche liegt der Dichter neben seiner Frau begraben. Auch der Besuch der Rückert-Statue im nahen Park lohnt, ebenso der Gang hinauf zum Goldberglein, wo der Schwalbenfreund sein sehenswertes Gartenhaus errichtet hat. Anmeldung für das Rückert-Wohnhaus bei der Familie Rückert: Tel. 09561/66308. Friedrich-Rückert-Straße 11–13, 96450 Coburg-Neuses.

Das Wunder von Bernd
Bernd Meinhardts original Coburger Bratwurst
Original Coburger Bratwürste
auf Kiefernzapfen gebraten

Aber bitte auf Zapfen: die Coburger Bratwurst

9

Sie gehört zu Coburg wie die Veste: die Coburger Bratwurst. Und natürlich haben die Oberfranken ihre ganz eigene Vorstellung davon, wie die perfekte Wurst auszusehen und zu schmecken hat. Die Rezeptur der Coburger Bratwurst geht zurück bis ins 15., 16. Jahrhundert. Sie besteht aus Rind- und Schweinefleisch, Salz, Pfeffer und einem Ei für die Bindung. Manches Rezept hält zudem Muskat und Zitrone unabdingbar für einen guten Geschmack. Sicher ist: Über ihre Herstellung wacht seit über 250 Jahren das sogenannte »Bratwurstmännle« auf dem Coburger Rathausdach. Letzteres ist eigentlich der Stadtheilige St. Mauritius. Aber die wurstseligen Oberfranken tauften ihn einfach liebevoll um und machten ihn zum Maß aller Dinge.

Denn im Vergleich zu der Nürnberger ist die Coburger geradezu riesig: 31 Zentimeter müssen die Würste lang sein, bevor sie auf den Grill kommen – so lang wie der Feldherrenstab eben jenes heiligen Mauritius. Bis heute hat er ein Auge darauf, dass den Coburger Metzgern keinesfalls einfällt, die Bratwürste zu klein zu machen, und dass im Grill keinesfalls Holzkohle glüht, sondern nur Kiefernzapfen lodern.

Davon überzeugen kann man sich auf dem Coburger Marktplatz. Jeden Tag ist dort ein anderer Verkaufsstand, der von drei verschiedenen Metzgereien mit Bratwurst beliefert wird. In der Mittagszeit stehen die Menschen hier Schlange, um sich ihr fränkisches Fastfood abzuholen. Achten Sie beim Warten unbedingt auf die »Weckla«. Diese werden nach Coburger Schnitt von oben und nicht von der Seite aufgeschnitten. Glauben Sie nicht? Auf nach Coburg, staunen und vor allem reinbeißen.

Michael

→ Auf dem Coburger Marktplatz steht jeden Tag von ca. 8.30 bis 18 Uhr ein anderer Verkaufsstand. Drei verschiedene Metzgereien beliefern insgesamt acht verschiedene Standbesitzer.

31 Zentimeter lang und auf Kiefernzapfen gegrillt: Nur so wird aus einer Wurst eine Original Coburger Bratwurst.

10 Erntedank in Vierzehnheiligen

Wenn der Sommer übers Dach gerutscht ist und erste herbstliche Schwaden dem Maintal entsteigen, wenn die Kürbisse reifen und die Bauern die Felder kahl geschoren haben, dann sollten Sie aufbrechen und nach Vierzehnheiligen fahren. Kaum eine zweite Kirche schmückt sich zu Erntedank so wie die dortige Basilika. Ist das Meisterwerk von Balthasar Neumann zu allen Jahreszeiten ein lohnendes Ziel, so erst recht Anfang Oktober, wenn die Flechtkörbe mit Kartoffeln und Möhren überquellen, wenn die kunstvoll gebackenen Brotleiber duften, wenn man Weintrauben ins bunte Laub hängt und Bocksbeutel hinzustellt, wenn die Erntekrone in die barocken Höhen gezogen wird. Wahre Kunstwerke aus Obst und Gemüse werden dann geschaffen von der Jugend der örtlichen Gartenbauvereine, aus Grundfeld und Wolfsdorf, welche ihre Gaben vor die Altäre legen als Dank dafür, dass Gott die Natur auch in diesem Jahr wieder in überreichem Maße gesegnet hat. Dankbar sein – keine selbstverständliche Haltung in einer Zeit, in welcher der Mensch glaubt, alles im industriellen Maßstab herstellen zu können, auch unsere Lebensmittel. Es tut gut, einen Moment innezuhalten und sich bewusst zu machen, dass es für manche Dinge mehr braucht als Unkrautvernichtung und Düngemittel, damit sie gedeihen. Und der Dankbare wird doppelt belohnt, denn im Dank erhebt sich seine Seele.

Johannes

→ Besonders schön ist der Wanderweg vom Staffelberg zur Basilika Vierzehnheiligen. Auch per Bahn bequem zu erreichen (Bahnhöfe in Bad Staffelstein und Lichtenfels). Hinweise zu Öffnungszeiten, Führungen, Wallfahrten und Konzerten unter www.vierzehnheiligen.de.

11 Das Lied der Franken

»Wohlauf, die Luft geht frisch und rein, wer lange sitzt, muss rosten«, dichtete Joseph Victor von Scheffel. Sein Lied wurde zur inoffiziellen Frankenhymne, zu jeder Gelegenheit fröhlich gesungen. »Zum heil'gen Veit von Staffelstein, komm ich empor gestiegen«, heißt es weiter, was jedem Frankenkenner ein Lächeln auf die Lippen treibt, hat auf dem schönen Staffelberg doch nie ein heiliger Veit gehaust. Egal, man singt das schöne Lied trotzdem. Und steigt genauso gerne in die Höhe, gibt es doch nichts Erhabeneres, als die Lande um den Main zu seinen Füßen liegen zu sehen. Valleri, vallera!

Johannes

→ Am besten mit der Bahn nach Bad Staffelstein und dann nichts wie rauf. Selbstverständlich kann man auch heute noch oben auf dem Berg einkehren: Staffelbergklause, Tel. 09573/5437.

Unbegrenzter Blick vom Staffelberg

12 Donald Duck – die fränkischste aller Enten

Was macht eine promovierte Geisteswissenschaftlerin, wenn es sie in die Provinz verschlägt? Zitter! Erika Fuchs hat das Beste daraus gemacht: In Schwarzenbach an der Saale, wohin sie die Liebe rief, wurde sie zur genialen Übersetzerin und Sprechblasenkünstlerin. Lustvoll versetzte sie Entenhausen zu sich nach Oberfranken: Onkel Dagobert errichtet seinen Skilift am Ochsenkopf, Daisy watschelt mit ihren Freundinnen zum Ententanz nach Fletschenreuth, Tick, Trick und Track machen Schnabelwaid, Großschlattengrün, Kleinschlappen und Schnarchenreuth unsicher. Wer die Namen für Erfindungen hält, ist auf dem Holzweg! Diese Orte gibt es tatsächlich. Staun! Wer sich davon überzeugen will, der besuche das Erika-Fuchs-Haus in Schwarzenbach. Vieles gibt es dort zu erleben, zum Beispiel die interessante Vita von Erika Fuchs als Comic erzählt, leider nur kann man kein Bad in Onkel Dagoberts Goldtalern nehmen. Seufz!

Johannes

→ Das Erika-Fuchs-Haus, Museum für Comic und Sprachkunst, Deutschlands erstes Comicmuseum, befindet sich im Zentrum von Schwarzenbach: Bahnhofstraße 12, 95126 Schwarzenbach, www.erika-fuchs.de. Geöffnet Dienstag bis Sonntag von 10 bis 18 Uhr.

13 Wo Franken am hellsten glänzt

Die Kammer eines gigantischen Brennofens: rußgeschwärzt die Wände, am Boden zahlreiche Düsen, durch die die heißen Lüfte zischen, um den Ofen auf über 1000 Grad aufzuheizen. Mittendrin aber ein Tisch mit schönstem Porzellan. In den historischen Fabrikanlagen von Selb hat man das Porzellanikon eingerichtet, das größte und eindrucksvollste Spezialmuseum für das weiße Gold in Europa. Keine langweilige Aneinanderreihung verstaubter Exponate, sondern quicklebendige Demonstrationen der Produktionsprozesse: Da wird gerührt, gegossen und geformt, da kann man die Porzellanmasse selbst in die Hand nehmen, die alten Dampfmaschinen bewundern und anschließend im Alten Brennhaus elegant einkehren. Das Geschirr auf dem Foto hat übrigens das Kollektiv TAC von Bauhausmeister Walter Gropius entworfen. Gropius war ein guter Freund von Philipp Rosenthal und oft in Selb zu Gast. Für Rosenthal, einen der sozialdemokratischsten Unternehmer aller Zeiten, hat Gropius eine menschenfreundliche Fabrik im Bauhausstil errichtet, samt Bibliothek und Billardraum für die Arbeiter: klare Formen, helle Kuben, hohe Fenster, Flachdächer. Sogar einen Bauhaus-Schweinestall hat der Stararchitekt für Rosenthal entworfen, das Unikum ist jedoch leider nicht zur Ausführung gelangt.

Johannes

→ Porzellanikon – Staatliches Museum für Porzellan, www.porzellanikon.org. Porzellanikon Selb, Werner-Schürer-Platz 1, 95100 Selb (Fabrik & Technik). Einen weiteren Standort gibt es mit Villa & Sammlung in Hohenberg an der Eger.

Wenn das Handy ausfällt

Im schönen Frankenland unterwegs und kein Handy dabei? Kein Problem! Es gibt sie noch, die leuchtend gelben Telefonzellen der Deutschen Post. Allerdings ist ein Buschmesser oft hilfreich. (Gesehen in Isaar in Oberfranken)

Johannes

BESUCHER
BERGWERK
ST.-VEIT-ZECHE
BERGBAU

»Glückauf!«: Geheimnisse unter Tage 14

Waren Sie schon einmal unter Tage? Auf den Spuren der Bergleute des Mittelalters lässt sich im Besucherbergwerk St.-Veit-Zeche in Kupferberg die Arbeit der Bergleute nachvollziehen. Bei einer fachkundigen Führung durch den Stollen wird hier ein Stück lokaler Bergbau-Geschichte wieder lebendig. Auf 22 Metern unter Tage bekommen Groß und Klein einen faszinierenden Eindruck davon, wie die Bergleute ab dem 12. Jahrhundert die reichen Kupfererze aus dem Gestein schlagen und ans Tageslicht befördern mussten. Entlang des Stollens werden an verschiedenen Stationen typische Arbeitssituationen im Wandel der Zeit präsentiert. Und wer noch mehr über die Geschichte des Bergbaus und Kupferbergs erfahren möchte, sollte unbedingt auch den Erläuterungen der Führer im Museumsbereich zuhören oder direkt noch eine Runde drehen. Dazu lädt der Bergbau-Wanderweg zum historischen Bergbau von Kupferberg nach Wirsberg ein. Er führt Sie zu historischen Stationen, die viel Wissenswertes über den Abbau der Erze und Gesteine in dem Gebiet berichten. Einige Stollen und Schächte entlang des Weges sind sogar noch sichtbar und machen den Ausflug zu einem Bergbau-Erlebnis der besonderen Art. »Glückauf!«

Michael

→ Das Besucherbergwerk St.-Veit-Zeche in Kupferberg wird in ehrenamtlicher Arbeit vom Verein Bergbau-Museum Kupferberg e. V. betrieben. Dieser hat es sich zur Aufgabe gemacht, die jahrhundertelange Bergbaugeschichte der kleinen Stadt nicht in Vergessenheit geraten zu lassen.

→ Besucherbergwerk St.-Veit-Zeche, Wirsberger Weg 34, 95362 Kupferberg, www.bergbau-kupferberg.de. Öffnungszeiten: Mittwoch von 9.30 bis 17 Uhr, an Sonn- und Feiertagen von 10 bis 16 Uhr. Winterpause für das Bergwerk ist vom 1. November bis Ende März, jedoch kann das Museum ganzjährig zu den Öffnungszeiten besucht werden.

15 Currywurst vom Sternekoch am Freibadkiosk

Wenn Sie sehen wollen, wie Ihrem Liebsten oder Ihrer Liebsten erst die Gesichtszüge entgleiten, um sich danach an ein einmaliges gemeinsames Erlebnis zu erinnern, von dem Sie beide noch Ihren Enkeln erzählen können, lesen Sie unbedingt weiter. Wenn Sie einfach nur gerne Currywurst essen, tun Sie dasselbe. Aber von Anfang an. Laden Sie Ihren Herzensmenschen doch mal wieder zum Essen ein – nicht irgendwohin, sondern zu einem richtig feinen Menü aus der Küche eines Sternekochs. Wohin es geht, bleibt natürlich geheim. Es soll schließlich eine Überraschung werden. Also rein ins Auto, rauf auf die A 9 und ab nach Wirsberg.

Bei manchem wird es da schon klingeln. Denn in dem kleinen oberfränkischen Markt im Landkreis Kulmbach betreibt Star- und TV-Koch Alexander Herrmann das *Posthotel* mit einem Zwei-Sterne-Restaurant und einem gemütlichen Bistro. Doch den Tempel der lukullischen Genüsse (sehr zu empfehlen) lassen wir links liegen. Erste Enttäuschung macht sich breit. Als wir schließlich vor dem Wirsberger Freibad zum Stehen kommen, ist das erste Ziel erreicht: Die Gesichtszüge entgleiten. »Überraschung, wir dinieren am Schwimmbadkiosk.«

Doch der Wirsberger Freibadkiosk ist nicht irgendein Schwimmbadkiosk. Hinter dem *Kiosk 1955* steht niemand Geringeres als Alexander Herrmann. Es ist sein Herzensprojekt. Kaum verwunderlich, dass Pommes, Bockwurst und Co. hier ein gewisses Upgrade erfahren. Statt schnödem Ketchup aus der Tube zu reichen, ist der beliebteste Tomaten-Dip natürlich selbst gemacht. Die Mayonnaise kommt mit Trüffel daher und die Cola lässt sich stilecht gegen Champagner eintauschen. Und Schwupps haben Sie auch Ziel Numero zwei erreicht: Diesen »Wohlfühlort« wird Ihr Herzensmensch garantiert nie wieder vergessen.

Denn der *Kiosk 1955* in Wirsberg ist keine Zweigstelle des 2-Sterne-Restaurants im *Posthotel* oder des Bistros von Alexander Herrmann. Hier sollen alle glücklich werden: Feinschmecker,

Badegäste und natürlich ganz besonders die Kinder. Deshalb dürfen beispielsweise die großen, mit Süßigkeiten gefüllten Gläser nicht fehlen, die Sie vielleicht noch aus Ihrer Kindheit kennen. Der *Kiosk 1955* ist also für alle da – deshalb fällt auch kein Eintritt an, wenn Sie nur etwas essen wollen. Überraschen Sie doch mal wieder jemanden, fahren Sie nach Wirsberg und laden Sie zu Currywurst vom Sternekoch im Freibadkiosk ein.

Michael

→ Kiosk 1955, im Waldschwimmbad, Schorgasttal 60, 95339 Wirsberg, Facebook/Kiosk 1955

16 Krafttankstelle für die Seele

Ihr schlanker Turm und ihre weiße, geschwungene Silhouette sind schon von Weitem sichtbar. An der A 9 auf einer Anhöhe zwischen Fichtelgebirge und Frankenwald liegt sie. Mitten im Brennpunkt der pulsierenden europäischen Verkehrsader zwischen München und Berlin lädt die Autobahnkirche St. Christophorus Himmelkron zum Auftanken ein. Sie ist ein Ort zum Innehalten in einer Umgebung, die nie zur Ruhe kommt. »DER, DEN DU TRÄGST, DER IST ES, DER DICH TRÄGT UND ZUM ZIEL BRINGT« steht in großen Lettern auf einem der Türflügel. Der Text meint den heiligen Christophorus. Der Kirchenpatron und Schutzpatron aller Reisenden und Kraftfahrer gehört zu den 14 Nothelfern, die nicht weit entfernt bei Bad Staffelstein im Landkreis Lichtenfels den bedeutenden Wallfahrtsort Vierzehnheiligen haben. In neun Sprachen wird der Text wiederholt.

Englisch, Französisch, Italienisch, Holländisch, Schwedisch, Polnisch, Tschechisch, Ungarisch und Russisch finden sich auch in den Gästebüchern der 1998 geweihten Autobahnkirche. In vielen Sprachen wird darin gedankt für die heile Rückkehr nach einer langen Urlaubsreise. Es wird geliebter Menschen gedacht, die auf der Straße ihr Leben verloren haben, und auch ganz alltagspraktische Bitten sind zu lesen, etwa die, dass Helmut Feuerwehrmann wird oder der Hunger nebenan im Schnellrestaurant adäquat gestillt werden kann. »Allen Rasern einen Bremsengel, allen Müden einen Schutzengel und den Kindern einen Fantasieengel, wenn die Strecken mal zu lange dauern«, wünscht Michael aus Berlin. Es sind Sätze, die in Erinnerung bleiben.

Wie gut tut eine solche Krafttankstelle in einer lauten, schnellen Welt, die von Hektik geprägt ist. Wir sind ständig unterwegs, kommen fast nicht mehr zur Ruhe. Hier in Himmelkron schon. Sinne und Seele können Ruhe tanken. Setzen Sie doch mal den Blinker nach rechts, wenn Sie das große blaue Hinweisschild an der Ausfahrt Bad Berneck/Himmelkron sehen. Vor allem dann, wenn Sie denken, keine Zeit zu haben. Es ist gut, rechtzeitig anzuhalten.

Michael

In der Autobahnkirche St. Christophorus Himmelkron können Sie Ruhe tanken.

→ Autobahnkirche St. Christophorus Himmelkron, A 9, Ausfahrt Bad Berneck/ Himmelkron, Bernecker Straße 27, 95502 Himmelkron, www.autobahn-kirche-himmelkron.de. Die Kirche ist täglich von 8 bis 20 Uhr geöffnet. Jeden Mittwoch um 19 Uhr findet im Meditationsraum eine Meditation für Autofahrer statt. Jeden Sonntag wird um 10.30 Uhr die Heilige Messe gefeiert. Auch Kirchenführungen werden angeboten.

Folichon – der Hund von Wilhelmine

Was wäre die Markgrafschaft Bayreuth ohne Wilhelmine? Als die Lieblingsschwester des Alten Fritz einen armen Verwandten heiratete und nach Bayreuth zog, begann sie, mit Macht und Fantasie Kunst und Kultur zu etablieren: die Gründung der Universität, die später nach Erlangen übersiedelte, das Neue Schloss der Eremitage und zahlreiche andere Schlösser und Parkanlagen, das Opernhaus, Musik, Literatur, Philosophie … Stets mit dabei ihr Lieblingshund Folichon, zu Deutsch der Possierliche, ein Zwergspaniel. Wilhelmine schlüpfte in seine Rolle und schrieb als Folichon Briefe an Biche, die Lieblingshündin ihres Bruders Fritz: »Allerliebste Hündin. Ich liebe und bete dich an.« Anlässlich der Landesgartenschau Bayreuth hat der Künstler Ottmar Hörl Folichon vielfarbig in Plastik gegossen. In der Himmelkroner Lindenallee kann man sie weiter bewundern.

Johannes

Baille-Maille-Allee

18

Kennen Sie das Spiel Baille-Maille? Auf Englisch Pall Mall? Nicht? Aber Sie kennen vielleicht das gute alte Krocket, bei dem man mit einem Holzhammer eine Holzkugel geschickt durch gesteckte Bögen treiben muss. Am schönsten spielt es sich im Schatten einer Allee. Als der Bayreuther Markgraf Christian Ernst das Kloster Himmelkron zu seiner Sommerresidenz machen wollte, ließ er 1663 entlang des Weißen Mains eine Lindenallee anlegen, die zur längsten und schönsten Europas heranwuchs. Leider hatte ein später Nachfahr wenig Sinn für die Schönheit der Allee: Des schnöden Geldes wegen ließ Markgraf Christian Friedrich die Bäume von preußischen Soldaten fällen. 1792 war das. Die Himmelkroner waren entsetzt. Im Oktober 1986 aber, knappe 200 Jahre später, griffen sie zum Spaten und pflanzten die Bäume neu. Heute kann man am Ufer des Weißen Mains wieder Baille-Maille spielen. Einfach Krocketschläger mitbringen!

Übrigens: Von Maille = Mall stammt das Wort für unsere modernen Shoppingstraßen ab, in London hatte man entlang der Pall Mall eine Kette von Geschäften errichtet.

Johannes

19 Das Liebesschloss an der ersten aller Mainbrücken

Liebesschlösser haben schwer Konjunktur. Verliebte Paare bringen sie an Brücken an, um den Schlüssel in den Fluss zu werfen und sich dabei ewige Liebe zu schwören. Meist sind die Schlösser rosarot oder auch gülden. Das Vorhängeschloss an der ersten Brücke über den Main aber, dort, wo der Fluss erst wenige Meter jung ist, schimmert leuchtend blau. Zudem ist es dort das bislang einzige Schloss überhaupt. Zwei Namen sind in das Blau graviert: Holger und Heiko. Wir kommen ins Grübeln. Warum wohl haben sich die beiden Liebenden ausgerechnet den Beginn des Mains für ihr Schloss ausgesucht? Den Ort, an dem der Weiße Main und der Rote Main zusammenfließen, um fortan als Main oder Maa, Mee oder Moa weiterzufließen, mitten durch das Frankenland und weiter nach Frankfurt, um bei Mainz den Rhein zu beglücken? Was hat die beiden Freunde bewogen, ausgerechnet die erste aller Mainbrücken zu wählen? Vielleicht ist Holger am Weißen Main aufgewachsen, in Bischofsgrün, vielleicht auch in Himmelkron oder Kulmbach oder gar nahe der Quelle am Ochsenkopf, Heiko aber am Ufer des Roten Mains, in Creußen oder Bayreuth, vielleicht auch in Hörlasreuth. Und die Vereinigung der Quellflüsse symbolisiert aufs Schönste die Vereinigung ihrer Herzen. Oder die beiden Freunde sind leidenschaftliche Angler, haben hier am Ufer gesessen, Heiko am rechten, Holger am linken, und haben ihre Ruten ausgeworfen, die sich dann verheddert haben, worauf man sich nähergekommen ist. Ob es so romantisch gewesen ist? Fest steht, die beiden kennen sich schon lange oder sie haben sich erst im fortgeschrittenen Alter kennengelernt. Was uns da so sicher macht? Die Namen. Heiko und Holger deuten auf eine Geburt Ende der 1950er-, Anfang der 1960er-Jahre hin, dann verschwanden die beiden Vornamen aus unerfindlichen Gründen aus den Geburtsanzeigen. Die Männer dürften beide also an die 60 Jahre alt sein, ein Faktum, das uns erfreut und

optimistisch stimmt. So frisch kann die Liebe noch im aufscheinenden Rentenalter sein, dass man sie mit einem Liebesschloss bekräftigt! Wir beschließen, in Kulmbach ein Bierchen zu bestellen und auf die Liebe anzustoßen und das Wohl der beiden. Möge der Main ihnen Glück bringen!

Johannes

→ Der Geburtsort des Mains, der Zusammenfluss von Rotem und Weißem Main, liegt idyllisch in der Natur, nahe Schloss Steinhausen bei Melkendorf, einem Stadtteil von Kulmbach. Am schönsten ist die Mainwiege per Rad zu erreichen, hier treffen sich die Rotmainroute und Weißmainroute und vereinen sich, wie sie es dem Fluss abgeschaut haben, zum gemeinsamen Mainradweg. Aber natürlich gibt es auch einen Parkplatz und zahlreiche Wanderrouten. Weiß heißt der eine Quellfluss, weil er dem hellen Granit des Fichtelgebirges entspringt, Rot der andere wegen des lehmigen Sediments der Frankenalb. Wer jedoch glaubt, Rot und Weiß würde Rosa ergeben, den müssen wir enttäuschen. In ein grünliches Blau gekleidet fließt der Main fortan durch die Wiesen. Auch sehr chic!

Herbststimmung am Fichtelsee

Septembermorgen

Im Nebel ruhet noch die Welt,
Noch träumen Wald und Wiesen:
Bald siehst du, wenn der Schleier fällt,
Den blauen Himmel unverstellt,
Herbstkräftig die gedämpfte Welt
In warmem Golde fließen.

Eduard Mörike

20 Leckere Liköre

»Wer Sorgen hat, hat auch Likör«, dichtete Wilhelm Busch. Die leckersten Sorgenkiller findet man im Waldhotel am Fichtelsee, wunderbar aromatische Tropfen. Also der Rotbeerenlikör … oder der Likör aus Trockenobst … und erst der Vierkanterlikör …, da lösen sich alle Sorgen in Luft auf.

Johannes

→ Das Frankenland ist in der Herstellung schmackhafter Getränke mit Promillegarantie spitze. Neben wunderbaren Weinen und Bieren sind auch die Obstbrände zu erwähnen und – speziell im Fichtelgebirge – die Liköre. Legendär ist der Sechsämtertropfen aus Wunsiedel.

Auf dem Poetenweg

21

Ein armer Bauer, der an der Gicht litt, trank aus einer Quelle, und siehe da: Er gesundete. 1734 war das – die Geburtsstunde von Bad Alexandersbad. Die Quelle benannte man später nach der schönen Preußenkönigin Luise, die drei Wochen hier kurte. Auch dem fantastischen Felsenlabyrinth oberhalb von Alexandersbad gab man den Namen der beliebten Fürstin, ein Poetenweg von 2,5 Kilometern verbindet die Luisenquelle mit der Luisenburg, Zitate bekannter Dichter und Denker regen den Wanderer zum Nachdenken an. Inspirierend nicht nur für Besucher der prächtigen Freiluftbühne.

Johannes

→ Schön startet man den Poetenweg an der Quelle. In Bad Alexandersbad lockt zudem die Erlebnistherme (www.alexbad.de). Am Ziel ist die Luisenburg, Europas größtes Felsenlabyrinth und nationales Geotop, ein Muss (www.wunsiedel.de/tourismus/felsenlabyrinth-luisenburg). Im Sommer wird auf der Freilichtbühne für Jung und Alt Theater und Musik geboten (www.luisenburg.de).

22 Morgenland in Sanspareil

»C'est sans pareil!« – »Das ist unvergleichlich!« Unvergleichlich wirkt dieser mit wilden Steinformationen geschmückte Höhenzug bei Wonsees bis heute. Unvergleichlich ist auch der Morgenländische Bau, den Wilhelmine, Markgräfin von Bayreuth und Lieblingsschwester Friedrichs des Großen, neben anderen fantasievollen Bauten auf dem Gelände anlegen ließ. Wie ein Palais aus Tausendundeiner Nacht schaut er übers Land, mit Tuffsteinen und farbigem Glasfluss verkleidet. Tritt man ein, kann man anmutigen Chinesen begegnen, in den Sälen, in denen die Markgräfin ihrem Mann den Tee eingeschenkt hat.

Johannes

→ Der Felsengarten ist ganzjährig geöffnet, Eintritt frei. Der Morgenländische Bau ist im Sommer gegen geringes Eintrittsgeld zu besichtigen. www.bayreuth-wilhelmine.de.

Schloss Fantaisie bittet zum Tanz!

23

Tanzbegeisterte finden an vielen fränkischen Orten das passende Parkett. Highlights sind die Bälle in der Nürnberger Oper, dem Jugendstiljuwel nahe dem Hauptbahnhof, das Schlossgartenfest der Uni Erlangen, das größte Gartenfest Europas, oder der Große Markgrafenball in Ansbach. Mag man es weniger quirlig, dann mache man es wie diese Schöne und besuche das Schloss Fantaisie in Eckersdorf bei Bayreuth. Auf dem Parkettboden der Sommerresidenz von Markgräfin Wilhelmine lassen sich spontan die schönsten Pirouetten drehen. Nur Mut!

Johannes

→ Bayreuther Straße 2, 95488 Eckersdorf/Donndorf. Auch der Park des Schlosses ist eine Reise wert. Er wurde mit viel Liebe in seinen ursprünglichen Zustand zurückversetzt: mit Wasserkaskaden, Labyrinth, romantischen und barocken Gartenanlagen ein Gesamtkunstwerk – mit Gartenkunst-Museum (www.gartenkunst-museum.de).

24 Gehen wir rollwenzeln!

Über Schriftsteller und ihre Beziehung zum Alkohol könnte man ganze Bücher schreiben – wenn es Jean Paul dürstete, ließ er die grauen Bayreuther Mauern hinter sich und spazierte den Weg hinaus Richtung Eremitage, um in der Rollwenzelei einzukehren. Bei der Wirtin Anna Dorothea Rollwenzel hatte er bald einen Stein im Brett, sie richtete ihm sogar eine eigene Dichterstube ein, damit er ungestört von anderen Gästen die Wirkung des guten Bayreuther Bieres zur Abfassung treffender Verse nutzen konnte. Vielleicht, ja ganz sicher inspirierte ihn die Atmosphäre des Ortes, das traditionsreiche Haus diente einst als Zollhäuschen zu Colmberg und wurde auch »Chaussee- und Traiteur-Haus« genannt. Jean Paul war einer der meistgelesenen und zugleich umstrittensten Dichter seiner Zeit. Schiller verglich ihn mit einem, »der vom Mond gefallen war«, Goethe mit einem Chinesen in Rom. Vielleicht, weil seine Art zu schreiben etwas Anarchisch-Chaotisches hat, frei mäandernde Gedanken, welche vor Freude oder Schmerz oft Sprünge machen und den Leser von einer Welt in die nächste katapultieren. Immer aber ist Jean Paul erfrischend originell, so auch in seinen Wortschöpfungen. Der Wetterfrosch ist seiner Feder entsprungen, der Schmutzfink, der Angsthase und auch der Weltschmerz, Begriffe, die wie selbstverständlich Eingang in unseren Wortschatz gefunden haben. (Wortschatz? Stammt das Wort nicht auch von ihm?) Insbesondere bei den Damen kam der gebürtige Franke gut an, man riss sich darum, eine Locke von ihm zu erhalten. Sätze wie: »Wer die Seele einer Frau sucht, ist nicht immer enttäuscht, ihren Körper zu finden«, wurden einem damals noch nicht um die chauvinistischen Ohren geschlagen, sondern sorgten für heiteres Entzücken. Eigentlich hieß er Johann Paul Friedrich Richter, Jean Paul nannte er sich nach dem von ihm verehrten Jean-Jacques Rousseau, dem liberalen Denker und Kinderfreund. Wie ähnlich auch Jean Paul über Erziehung dachte, wird an zahlreichen Stellen seines Werkes deutlich: »Man soll in den ersten sechs Jahren keinem Kinde befehlen, etwas zu verschweigen, und wäre es eine Freude, die man einem geliebten Wesen heimlich zubereitet. Den offenen Himmel der kindlichen Offenherzigkeit

darf nichts verschließen, nicht einmal die Morgenröte der eigenen Scham. An euren Geheimnissen werden sie sonst bald eigne verstecken lernen. Nur die Vernunft lehrt schweigen, das Herz lehrt reden.« Oder auch: »Kinder und Uhren dürfen nicht beständig aufgezogen werden. Man muss sie auch gehen lassen«. Und als größtes Kompliment an unsere Kindheit: »Die Erinnerung ist das einzige Paradies, aus dem wir nicht vertrieben werden können.« Vertrieben hat man Jean Paul auch nicht aus einem anderen Paradies, der Rollwenzelei auf dem Hügel vor Bayreuth. »Berge, Bücher und bitteres braunes Bier«, das war Jean Pauls Lebenselixier. Mehr brauchte er nicht. Aber auch nicht weniger.

Johannes

→ Jean Paul ist ein echter Franke. Er kam am 21. März 1763 in Wunsiedel zur Welt und starb am 14. November 1825 in Bayreuth. Wer will, kann auf dem Jean-Paul-Weg wichtige Lebensstationen erwandern. Sein Roman *Hesperus* kam an die Rekordauflage von Goethes *Werther* heran. Die Rollwenzelei ist leider trockengelegt, Bier gibt es hier keines mehr, weder ein braunes, noch ein helles. Zu bestimmten Zeiten aber kann Jean Pauls Dichterstube noch besichtigt werden.

→ Die Rollwenzelei befindet sich an der Königsallee 84, auf dem halben Weg von der Stadt Bayreuth zur Eremitage, dem prächtigen Barockschloss mit den wunderbaren Gartenanlagen.

Ein Ort mit Aussicht

25

Insbesondere so manchen Unterfranken könnte hier oben in der *Villa Remeis* auf dem Bamberger Rothenberg die Eifersucht übermannen beim Blick auf die zahlreichen Menschen, die hier gut gelaunt das Leben und die famose Aussicht genießen. Zumindest ist das dann der Fall, wenn er die Geschichte kennt, die sich hinter diesem einmaligen Ort verbirgt, dem die Domstadt in voller Pracht zu Füßen liegt.

Würde man in der *Villa Remeis* nämlich keine Gäste willkommen heißen, könnten sie alle Würzburger ihr Eigen nennen. Denn Karl Remeis, Begründer der Bamberger Sternwarte und Errichter der Villa, vermachte sie der Stadt Bamberg, nicht ohne jedoch einen entscheidenden Hinweis in sein Vermächtnis einzuarbeiten: »Ich wünsche, dass dieses herrliche Fleckchen Erde allen stets zugänglich sein solle, auf dass recht viele, recht oft sich der so schönen Aussicht auf dem Punkte erfreuen mögen, wo ich so glückliche Tage verbrachte.«

Was der vermögende Junggeselle, Jurist und Hobbyastronom etwas umständlich formulierte: Steht das unveräußerliche Eigentum gegen Karl Remeis' testamentarischen Willen nicht unverändert der Allgemeinheit zur Verfügung, fällt das Erbe der Stadt Würzburg zu.

Im Moment besteht dazu jedoch kein Anlass: Gepachtet wurde die Villa vom Sozialdienst katholischer Frauen. Das Café beschäftigt seelisch behinderte Menschen im Service und in der Küche und bietet ein besonderes Erlebnis mit wundervollem Panoramablick, Kaffeespezialitäten, köstlichen Kuchen und Torten.

Michael

→ Wer im *Café Villa Remeis* einkehrt, tut sich und anderen Gutes. Es wird vom Agnes Neuhaus Heim betrieben, einer Abteilung des Sozialdiensts katholischer Frauen e. V. Bamberg. Café Villa Remeis, St.-Getreu-Straße 13, 96049 Bamberg, www.cafe-villa-remeis.de.

Ganz Bamberg liegt zu Füßen: Von der *Villa Remeis* bietet sich ein famoser Blick über die Stadt.

26 Kundenorientierung auf Fränkisch

Die frischesten Eier, die dicksten Kartoffeln, die süßesten Erdbeeren (»made in Franken«, versteht sich): All das gibt es auf dem Grünen Markt in Bamberg zu erwerben. Zumindest, wenn man dem Werben der Marktkaufleute Glauben schenken darf, die uns sehr nachdrücklich wissen lassen, warum man bei ihnen und nirgendwo sonst jede Woche einen Monatsvorrat an Obst und Gemüse kaufen sollte.

Über alledem wacht die Humsera. Wäre sie nicht in Stein gemeißelt als Brunnenskulptur zum Schweigen verdammt, hätte die Marktfrau aller Marktfrauen sicherlich den ein oder anderen bissigen Spruch auf den Lippen. Denn auf den Mund gefallen war die für ihr loses Mundwerk bekannte Gärtnerin, die auf dem Bamberger Wochenmarkt ihr Gemüse verkaufte, keinesfalls.

Gegenüber der werten Kundschaft soll sie gerne sehr forsch aufgetreten sein. Wem der Preis für das Angebotene nicht passte, dem machte die Gärtnerfrau unmissverständlich klar, dass man auch woanders kaufen könne. Stets verbunden mit einem freundlichen Abschiedsgruß: »Mich konnst gern hom, waßt scho wu!«

Doch keine Angst: Die Marktkaufleute heute beraten gerne bei der Auswahl gesunder und schmackhafter Spezialitäten aus der Region. Die Humsera wacht in Form der von Hans Leitherer 1936 geschaffenen Steinfigur auf dem Marktplatz vor der Martinskirche und betrachtet das Geschehen. Äußerlich tut sie das ohne Regung, innerlich dürfte es in ihr jedoch manchmal brodeln ob der vorhandenen Großzügigkeit. Die Erdbeere zum Probieren wäre vermutlich in ihrem eigenen Mund gelandet.

Michael

→ Humsera-Brunnen, Grüner Markt 21, 96047 Bamberg

Die Humsera hat alles im Blick: Sie wacht in Stein gemeißelt über das Treiben am Grünen Markt in Bamberg.

27 »A Kaffee ohne Hörnla schmeckt wie a Kuss ohne Schnörrnla«

Teig, Butter, Teig, Butter, immer und immer wieder. Diese Abfolge ist das Geheimnis der croissantähnlichen Köstlichkeit, die den Namen Bambergs in Bäckereien nach Hamburg, Düsseldorf und sogar bis über den Atlantik trägt. Durch das schichtweise Einziehen der Butter zwischen den Teig wird das weltberühmte »Hörnla« so locker und bekommt seine zarte Blätterung, die es so besonders macht. Mehl, Milch, Zucker, Hefe, Salz und Butter – mehr Zutaten braucht es nicht, um jenes feinblättrige Mürbegebäck in Hörnchenform zuzubereiten, von dem in Bamberg sogar eine eigene Volksweisheit zeugt: »A Kaffee ohne Hörnla schmeckt wie a Kuss ohne Schnörrnla.«

Außerdem kommt es darauf an, wie geduldig der Bäcker mit seinem »Hörnla« ist. Der Geschmack kommt erst zur vollen Entfaltung, wenn man dem Teig eine Nacht lang Zeit zum Ruhen gibt.

Die wichtigste Zutat war in den 1970er-Jahren sogar Ausgangspunkt für eine äußerst konfliktreiche Auseinandersetzung: Angefangen hatte es damit, dass ein angesehener Bäcker im August 1974 vor die Schranken des Amtsgerichts treten musste, weil er vom Pfad der reinen (Butter-)Lehre abgewichen war und für die als Bamberger ausgezeichneten Hörnchen ein Gemisch benutzt hatte, das neben Margarine nur noch zehn Prozent Butter enthielt. Ein Fehltritt, der für so viel Aufruhr sorgte, dass nach langem Hin und Her erst ein richterlicher Spruch die erhitzten Gemüter beruhigen und den Bamberger »Hörnlakrieg« beenden konnte. Seither gilt: 20 Prozent Butter müssen sein, dann verdient

das mürbe Hörnchen das Prädikat Bamberger »Hörnla« – egal übrigens, wo in der Welt es gebacken wird.

Aber am besten probiert man das Gebäck, das nach Meinung intimer Kenner und Genießer der gebackenen Gaumenfreuden als Beiwerk zum Heißgetränk genauso wenig fehlen darf wie ein Schnurrbart für einen gelungenen Liebesbeweis auf den Mund, natürlich dort, wo es zu Hause ist. In der Bäckerei Seel im Herzen Bambergs wird es bereits seit 1427 ohne Unterbrechung zubereitet. Mit Fug und Recht darf sich der Handwerksbetrieb damit als älteste Bäckerei Bambergs bezeichnen. Historische Chroniken belegen das.

Michael

→ Das Bamberger Original kann man hier probieren: Bäckerei Seel, Lugbank 8, 96049 Bamberg, www.baeckerei-seel.de.

28 Das oberfränkische Malibu

Mit dem »Zuma Beach« in Malibu hat sie auf den ersten Blick wenig gemeinsam. Von einem endlosen weißen Sandstrand ist mitten im Binnenland weit und breit nichts zu sehen. Doch an Geschichten, um auch über die Hainbadestelle – das oberfränkische Pendant zu dem beliebten Strand in den USA – einen Quotenhit ins Fernsehen zu bringen, mangelt es nicht. Das etwas andere Freibad ist in Bamberg seit mehr als 80 Jahren eine Institution und genießt Kultstatus.

Bereits im 19. Jahrhundert gab es in vielen deutschen Städten Flussbadestellen mit mehr oder weniger gut eingerichteter Gastronomie, mit Badehäuschen und Umkleidekabinen. Überlebt hat in der Region weit und breit nur eine: das idyllische Kleinod, Bambergs traditionsreiche und beliebte Badestelle im Luisenhain. Am linken Regnitzarm gelegen, mitten im Stadtpark, unter großen, alten Bäumen, die Jahr für Jahr mehr Schatten werfen.

Seit der Eröffnung im Mai 1935 strömten bereits Generationen von Bambergern auf die 2800 Quadratmeter große Liegewiese und den 123 Meter langen Holzsteg direkt am Flussufer. Es gibt nicht wenige, die während der Saison von Mitte April bis Mitte Oktober jede freie Minute in ihrem persönlichen Vorgarten im Bamberger Villenviertel verbringen. Man trifft sich zum Kartenspielen genauso wie zum gemeinsamen Kaffeekränzchen. Der Sprung ins erfrischende Nass, das auch im Hochsommer mit gerade einmal 19 Grad doch eher etwas für hartgesottene Schwimmer ist, gerät da beinahe zur Nebensache.

Besonders begehrt sind die Badekabinen, die über Generationen weitervererbt werden. Die kleinen Holzhäuschen sind für viele das Allerheiligste. Die Warteliste ist lang, manch Anwärter steht schon seit Jahren darauf. Die Kabinen könnten selbst Geschichten erzählen, die es ins Fernsehen schaffen würden, so individuell und künstlerisch gestaltet sind diese. Sie sind mehr als bloßer Verwahrort für Stühle, Liegen, Schwimmreifen oder den Sonnenschirm. Manch einer hat hier seinen kompletten Hausstand untergebracht und sich beinahe ein zweites Wohnzimmer eingerichtet.

Michael

→ Hainbadestelle Bamberg, Mühlwörth 18a, 96047 Bamberg, www.stadtwerke-bamberg.de. Die Tageskarte kostet 2,50 Euro (ab vier Jahren), die Saisonkarte 50 Euro.

29 Süßholzraspeln wörtlich genommen

Wenn in Bamberg Süßholz geraspelt wird, ist das wörtlich zu nehmen. Wobei die Kult(ur)pflanze »Glycyrrhiza glabra L.« auch in mundgerechte Stücke geschnitten wird. Seit einigen Jahren wächst in Bamberg wieder das, was einst Exportschlager war. Süßholz galt lange Zeit als das Markenzeichen der Domstadt und wurde weit über die deutschen Grenzen hinweg bis nach Ungarn, Holland und Österreich verkauft.

Kein Wunder, die Wurzel, die 50-mal süßer als Rohrzucker ist, kann vielseitig verwendet werden: als Grundlage für die Herstellung von Lakritz genauso wie zur Behandlung von Atemwegserkrankungen oder Magen-Darm-Beschwerden. Ebenso wird Süßholz in der Getränkeindustrie verwendet, zum Beispiel in Likören, Magenbittern und diversen Tees sowie in weiteren Verarbeitungszweigen von der Nahrungsmittel- bis hin zur Kosmetikindustrie.

Anfang des 19. Jahrhunderts etablierte sich jedoch die organische Chemie in der Heilmittelherstellung und es wurde vermehrt Rohr- oder Rübenzucker zum Süßen eingesetzt. Die Verwendung der Wurzel ging dadurch stark zurück. Um die Mitte des 20. Jahrhunderts wurde der Süßholzanbau in Bamberg fast komplett eingestellt und geriet in Vergessenheit. Das änderte die experimentierfreudige Gärtnerin Gertrud Leumer, die dem typischen Bamberger Kraut neues Leben einhauchte.

Die eigens gegründete Süßholz-Gesellschaft sorgt dafür, dass Süßholz als Pulver, Tee, geraspelt oder zum Kauen in mundgerechte Stücke geschnitten formschön verpackt als Bamberg-

Kann nicht nur geraspelt werden: Süßholz, in mundgerechte Stücke geschnitten

typisches Souvenir zu haben ist. Wie die in nördlichen Gefilden eigentlich nicht heimische Pflanze – sie wird in Europa außer in Bamberg nur noch im Baskenland und in Kalabrien angebaut – einst nach Oberfranken kam, ist übrigens nicht genau bekannt. Der Sage nach wuchs Süßholz überall dort, wo die heilige Kaiserin Kunigunde vor mehr als 1000 Jahren entlanggegangen war. Eine andere logische und weit weniger spekulative Erklärung: Der leichte Sandboden in der Bamberger Gärtnerstadt lässt das Süßholz gut gedeihen.

Michael

→ Mehr über den Bamberger Süßholzanbau damals und heute erfährt man bei einer Führung der Bamberger Süßholz-Gesellschaft. Diese hat die althergebrachte Tradition des Süßholzanbaus in Bamberg wiederbelebt.

→ Bamberger Süßholz-Gesellschaft, c/o Mussärol Bamberger Kräutergärtnerei, Gertrud Leumer, Nürnberger Straße 86, 96050 Bamberg, www.bamberger-suessholz.de.

30 Die blaue Grotte

Deutschland in den 1950er-Jahren. Der Schutt des Weltkriegs war beseitigt, man wirtschaftswunderte sich einen bescheidenen neuen Wohlstand zusammen, als die Sehnsucht nach dem Süden immer brennender wurde. Im Käfer über die Alpen, nach Venedig, zum Strand von Rimini oder in die Toskana oder gleich hinunter nach Neapel: »Komm ein bisschen mit nach Italien, komm ein bisschen mit ans blaue Meer …« Wer es sich nicht leisten konnte, zu verreisen, und dennoch einen Hauch Bella Vita verspüren wollte, der fuhr samstags abends nach Debring und besuchte die Blaue Grotte. Wo tanzte es sich schöner als auf den bunten Glasbausteinen, mitten in dem zauberhaftesten Nachbau von Capris romantischer Meereshöhle? Heute noch zieht es Nostalgiker nach Debring: »Wenn bei Capri die rote Sonne im Meer versinkt …«

Johannes

→ Blaue Grotte Debring, Würzburger Straße 12, 96135 Stegaurach, www.blaue-grotte-franken-hotel.eatbu.com

Fluchtweg im Wald

Wo wandert es sich schöner als in einem der vielen Wälder des Frankenlandes? Was aber, wenn man in Gefahr gerät? Ein Wolf, ein Gewitter, gar ein Feuer? Keine Sorge! Selbst ängstliche Seelen können getrost durch den Forst spazieren, denn auch für Fluchtwege ist gesorgt.

Johannes

Der Ölberg von Burgebrach

31

Schrecklich wütete der Dreißigjährige Krieg, man vermutet, jeder dritte Deutsche starb an den Kriegshandlungen und ihren Folgen. Besonders schlimm erwischte es das Frankenland, so auch die kleine Gemeinde Fürnbach bei Prölsdorf. Als die Truppen wieder abmarschierten, war jedes Leben erloschen. Der Ort war tot, als Wüstung bezeichnete man seine traurigen Überreste. Was sich erhalten hat, aus welchem glücklichen Grund auch immer, ist die Ölberggruppe, ein sechseckiges Sandsteingehäuse mit Netzrippengewölbe, schönem Blendmaßwerk und verschieferter Kuppelhaube. Am eindrucksvollsten aber sind die Figuren. Man vermutet, dass sie um 1500 geschaffen worden sind, Charakterköpfe mit starker Ausdruckskraft, deren Modelle Menschen aus der Gegend gewesen sein müssen, so individuell sind ihre Gesichter. Zu traurig wäre es gewesen, die Anbetungsstätte in dem verwüsteten Fürnbach stehenzulassen, dachten sich die Burgebracher, machten sich an die Arbeit, zerlegten das Kunstwerk, packten es auf Kutschen und stellten es auf dem Kirchhof vor ihrer Pfarrkirche St. Vitus wieder auf. Dort kann es heute noch bewundert werden.

Johannes

→ Auch der Besuch der Pfarrkirche St. Vitus lohnt (gotische und barocke Elemente). Im Chorraum die Stifterfiguren des Bistums Bamberg, Kaiser Heinrich und Kaiserin Kunigunde aus der Schule von Veit Stoß.

Die Ölberggruppe wurde um 1500 geschaffen.

Natur pur im Leidingshofer Tal

32

Hat ein durchreisender Gast wenig Zeit und will doch an einem einzigen Nachmittag alle Schönheiten der Fränkischen Schweiz erleben, so mache man mit ihm einen Ausflug ins Leidingshofer Tal. Das Leidingshofer Tal ist ein verstecktes Seitental der Leinleiter bei Veilbronn, einer Ortschaft, die der Bamberger Privatgelehrte Joseph Heller 1829 wie folgt beschrieb: »Veilbrunn, bambergisch, protestantisch, liegt an der Leinleiter sehr romantisch zwischen Felsen …« Die Felswände locken heute viele Kletterer: die Adlersteiner Nadel, der Totenstein, die Totensteinwände, die Fürther Wand und andere steinerne Abenteuer. Gemütlicher und mindestens ebenso romantisch aber ist's, dem Mathelbach zu folgen, der sich durch das Leidingshofer Tal schlängelt und an dessen Quelle der Weg vorbeiführt – unberührte Natur im Schatten steiler Bergwände, bunte Bergwiesen und tiefe Waldeinsamkeit wechseln in rascher Folge. Selbst an heißen Sommertagen ist es hier gut auszuhalten. Kinder können im Bachbett herumturnen, auf kleinere Felsbrocken steigen oder sich von ihren Eltern erklären lassen, wie ein Widder funktioniert, jene geniale, sich selbst antreibende Wasserpumpe, die man in diesem Tal noch findet. Die Vegetation ist überaus vielfältig, ein Waldlehrpfad erklärt die wichtigsten Bäume, und mit etwas Glück entdeckt man eine Eidechse auf einem heißen Stein oder sogar einen Feuersalamander. Durch zerklüfteten Jurafelsen geht es aufwärts, mal durch offenes Gelände, mal durch einen lauschigen Wald, bis man in der Höhe an einen Aussichtspunkt kommt, wo sich der Blick zum Leinleitertal öffnet. Und natürlich gibt es, ist man wieder in Veilbronn angekommen, eine verlockende Einkehrmöglichkeit, denn was wären all die Schönheiten der Fränkischen Schweiz ohne anschließenden Wirtshausbesuch? Das wäre wie ein Kloß ohne Soß und das »geht fei werkli nedd«.

Johannes

Ruhe und unberührte Natur begleiten
den Wanderer im Leidingshofer Tal.

33 Bierselige Wanderung mit Nährwert

Wer seinen Junggesellenabschied vor sich hat, der kann sich auf etwas gefasst machen. Was geht einem da nicht alles durch den Kopf: Wird man das zweifelhafte Vergnügen haben, als Hase verkleidet in der Innenstadt »lustige« Dinge verkaufen zu müssen? Zum Glück nicht. Denn es geht auch anders. Der Bierquellen-Wanderweg in der östlichen Fränkischen Schweiz ist ein echtes Vergnügen. Auf 18 Kilometern führt das gelbe »Seidla« durch grüne Wälder und vorbei an bunten Wiesen zu vier Privatbrauereien, die jeden durstigen Bierfreund in Verzückung bringen.

Zwischen Pegnitz, Creußen und Hummeltal finden Sie noch echte fränkische Wirtshauskultur mit herzhaften Gaumenfreuden, süffigen Bieren und vielem mehr. Als Start- und Endpunkt empfiehlt sich das hübsche Örtchen Lindenhardt. Hier lockt die *Brauerei Kürzdörfer* mit kalten und warmen hausgemachten fränkischen Spezialitäten und natürlich selbst gebrautem hellen und dunklen Bier ins kanadische Blockhaus (einmalig!). Schließlich kann man in dem urigen Holzhaus preiswert und gut übernachten. Wahrlich nicht die schlechteste Idee für den, der auf dieser schönen Strecke unbeschwert wandern und Bier trinken möchte.

Los geht's zunächst nach Leups. Bereits seit 1683 ist die dortige *Brauerei Gradl* in Familienbesitz. Im Ausschank: frisch gezapftes dunkles Leupser Bier oder Pils, das es übrigens auch als Wegzehrung in der Flasche oder im Fass (für sehr Durstige) zum Mitnehmen gibt. Gut gestärkt kann es weitergehen nach Büchenbach. In der *Brauerei Herold* übt man seit 1568 nicht nur das Brau- und Schankrecht, sondern auch das Backrecht aus. So bekommt man hier zum dunklen Beck'n Bier oder einem würzigen Bock (um Weihnachten und 1. Mai) auch knuspriges selbst gebackenes Brot.

Nach der längsten Etappe unserer Wanderung landen wir schließlich in der Gemeinde Hummeltal, die mit dem Postreiterweg und dem Mistelquellenweg Ausgangspunkt weiterer einladender Routen ist. Doch uns interessiert nach kräftezehrendem Marsch nur noch eines: das Gasthaus mit Brauerei Übelhack in

Weiglathal. Unter den Schatten spendenden Linden und Kastanienbäumen ein Schluck süffiges dunkles Bier – herrlich.

Von der *Brauerei Übelhack* aus geht es noch einmal rund drei Kilometer durch den Lindenhardter Forst zurück zum Ausgangspunkt. Auf der Terrasse der Kürzdörfers genießen wir den wundervollen Ausblick in die Natur und lassen den Junggesellenabschied mit dem ein oder anderen erfrischenden Kaltgetränk und einem »Schnitzel Spezial« ausklingen. Das gemütliche Bett wartet schließlich nur ein paar Treppenstufen entfernt im Obergeschoss. Schee war's.

Michael

→ Grundsätzlich ist es möglich, an jedem beliebigen Ort in den Bierquellen-Wanderweg (Rundweg) einzusteigen. Unser Start- und Zielpunkt: Brauereigasthof Kürzdörfer, Brauhausgasse 3, 95473 Lindenhardt, www.brauerei-kuerzdoerfer.de

→ Weitere Informationen zum Bierquellenwanderweg: www.bierquellenwanderweg.de

Biber is back

34

Ist es nicht schön, wenn man nach langer Zeit einen alten Bekannten zufällig wiedertrifft? Der Biber war in Deutschland schon ausgerottet, bis man ihn an der Donau wieder ansiedelte. Von dort verbreitete er sich entlang der Flussläufe auch nach Franken und ist heute beinahe überall wieder zu finden. Besonders wohl fühlt er sich im idyllischen Püttlachtal bei Pottenstein, jagt hier doch kein Auto über eine begleitende Straße, die für manchen Nager schon den Tod bedeutet hat. Kann man einen Baum perfekter fällen als ein Biber? Sein Fleiß ist zu bewundern, nicht minder seine Fähigkeit, den Fall eines Baumes genauestens zu berechnen – ist das Leben als Baumfäller doch nicht ungefährlich. Springt man nicht rechtzeitig beiseite, wird's schmerzhaft. Baumfreunde hört man bisweilen jammern, völlig grundlos, schafft es doch der Biber mit seinen Staudämmen und Burgen, die Artenvielfalt deutlich zu erhöhen. Und wenn ein Biber tatsächlich einmal zum Problembiber wird, etwa, weil durch seine Stauwerke Straßen überflutet werden, gibt es überall in Franken Biberbeauftragte, die sich kümmern. Meist findet sich eine unblutige Lösung. Und wenn ein Biber tatsächlich einmal getötet werden muss, sein Fleisch ist eine echte Spezialität. Besonders die Flosse. Sanft in Olivenöl angebraten und mit Rotwein abgelöscht, eine Delikatesse!

Johannes

→ Der Wanderweg durch das Püttlachtal beginnt in Pottenstein. Weitere Sehenswürdigkeiten: Teufelshöhle, Felsenbad, Sommerrodelbahn, Aussichtsturm Himmelsleiter, Burg Pottenstein und Scharfrichtermuseum.

35 Auf Du und Du mit Bambi

Nicht nur für kleine Entdecker ist das Wildgehege Hufeisen ein Naturerlebnis der besonderen Art. Einem Reh Nase an Nase gegenüberstehen: Im Veldensteiner Forst ist das tatsächlich möglich. Ein etwa 1,5 Kilometer langer Rundweg, geeignet für Kinderwagen und Rollstuhl, führt vorbei an mächtigen Hirschen und beeindruckenden Schwarzwildrotten, Dam- und Sikawild – und nicht zuletzt am freilaufenden Muffelwild, das in Deutschland in freier Natur kaum vorkommt. Ein Waldlehrpfad informiert auf zahlreichen Schautafeln über den Lebensraum Wald und dessen Bewohner. Auf die kleinen Besucher wartet zudem ein wundervoller, großer Spielplatz mitten im Wald, der eine Menge zu bieten hat: Klettergarten, Wippe, Balancierstange und vor allem viel, viel Natur zum Toben. Neben dem Waldspielplatz gibt es einen Picknickplatz mit Hütte, Bänken und Tischen für die Großen zum Erholen.

Michael

→ Ein Besuch im Wildgehege Hufeisen lohnt sich das ganze Jahr über. Ein Tipp: Bringen Sie für Futter- und Eintrittskartenautomaten ausreichend Münzgeld mit (Erwachsene 2 Euro, für Kinder und Jugendliche ist der Eintritt frei). Wildgehege Hufeisen, Forsthaus Hufeisen 1, 91257 Pegnitz, www.wildgehege-hufeisen.de.

Echt anziehend!

36

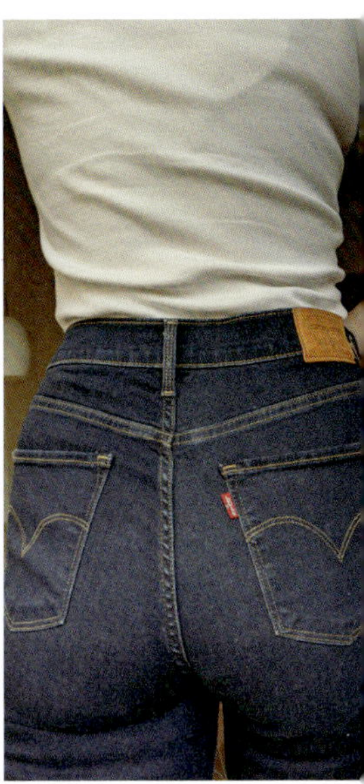

Halb Deutschland wüsste morgens nicht, was es anziehen sollte! Dem Buttenheimer Jungen Levi Strauss ist sie zu verdanken, die Jeans. Von Franken nach Amerika ausgewandert, machte der Pfiffikus sein Geld nicht mit dem Gold aus dem Sacramento River, sondern mit den Goldwäschern, denen er stabile Hosen aus Zeltstoffen schneiderte. Noch ein paar Nieten dazu, fertig war die Jeans.

Johannes

→ Das Levi-Strauss-Museum in Buttenheim ist absolut sehenswert! Es liefert interessante Infos zum Leben von Levi Strauss, zur Geschichte der Jeans und zum Landjudentum seiner Zeit. Marktstraße 31–33, 96155 Buttenheim, www.levi-strauss-museum.de.

Stein mit Durchblick

37

Begeben wir uns auf eine Zeitreise: Vor rund 160 Millionen Jahren war die Frankenalb von einem großen Meer bedeckt – ein flaches Schelfmeer, Algen und Mikroben begünstigten die Kalkfällung, auf den Grund sanken Schalentiere und andere kalkhaltige Lebewesen und versteinerten mit der Zeit. Als sich das Meer zurückzog und der Meeresgrund zum Festland wurde, herrschten im Frankenland tropische Verhältnisse: Hohe Temperaturen und satte Niederschläge spülten das Juragestein aus und ließen es verkarsten. So entstand eine höchst abwechslungsreiche Landschaft aus Klüften, Felstürmen, Höhlen und Dolinen. Das Meer aber gab nicht auf. Nach 40 Millionen Jahren kehrte es zurück, flutete die Karstlandschaft und begrub sie mit einer mächtigen Sanddecke. Als sich das Meer endgültig zurückzog, waren die Wunderwerke der frühen Kreidezeit durch den Sand geschützt. Erst nach und nach, nachdem der Sand weggespült und weggeblasen war, tauchten die Felsformationen, Höhlen und Trichter wieder auf. Dieser Besonderheit ist es zu verdanken, dass wir in Franken noch so vielfältige Zeugen aus der frühesten Erdgeschichte besitzen. Zu ihnen gehört der Große Lochstein. Der imposante Felsturm mit seiner Durchgangshöhle ist in die Liste der schönsten Geotope Bayerns aufgenommen worden. Selbst als Franke!

Johannes

→ Anfahrt zum Großen Lochstein über A 9 Abfahrt Pegnitz-Grafenwöhr, B 85/B 470 Richtung Auerbach. Bei Bundesstraße Kilometer 3,0 rechts abbiegen auf die Forststraße, nach 100 Metern Waldparkplatz Alte Feste. 700 Meter Fußmarsch zum Großen Lochstein.

Der Große Lochstein – beeindruckender Zeuge früher Erdgeschichte

38 Auf dem Schwarzen Keller von Weigelshofen

Der Franke geht zum Lachen in den Keller? – Stimmt nicht! Der Franke geht zum Lachen höchstens *auf* den Keller! Welches der schönste Keller im Land ist, darüber wird heftig gestritten, so viele schöne Kellerwirtschaften gibt es im ganzen weiten Frankenland. Ein Schwerpunkt ist die Fränkische Schweiz und unser persönlicher Liebling der Schwarze Keller bei Weigelshofen. Auch wenn es – Stand heute – leider kein Team mehr gibt, das die Wirtschaft betreibt, so lohnt der Besuch dennoch, besonders an milden Sommerabenden, geht doch nirgendwo die Sonne prachtvoller unter. Ewig weit kann man übers Land schauen, über die gestaffelten Hügelketten, die sich bis zum Horizont ziehen. Kein Ort, kein Haus ist sichtbar, nur ursprüngliche Natur. Guten Geistern ist es zu verdanken, dass hier noch zwei Bier-

tische mit Bänken stehen, im Keller selbst lagert kein Bier mehr, dieses kann man sich aber gerne unten im Ort besorgen, im *Brauereigasthof Pfister*, wo die Familie seit 1848 Bier herstellt, seit 1850 »Im Namen seiner Majestät des Königs«, wie die noch vorhandene Urkunde bezeugt. 1858 legte Johann Georg Pfister am Hang der Langen Meile den Schwarzen Keller an, eine natürliche und höchst effektive Kühlung. Dem nachhaltigen Gedanken haben sich die Pfisters bis heute verschworen. Sie gehörten zu den ersten, die Öko-Bier brauten, 1994 war das, und sie achten auch in der Küche auf regional erzeugte, hochwertige Zutaten. Wenn das Wetter mal nicht auf den Keller lockt, im gemütlichen Wirtshaus im Tal lässt sich's wunderbar einkehren.

Johannes

→ Wenn Sie sich an den Wochenenden langweilen und Sie ein geselliger Mensch sind, melden Sie sich doch bei den Pfisters! Als Kellerwirt wird es Ihnen niemals langweilig, versprochen!

→ Anreise: Von Eggolsheim kommend am hinteren Ortsausgang rechts abbiegen. Kleines Hinweisschild beachten. Und bitte schön langsam fahren: Die Highland-Rinder grasen hier noch auf der Weide und wollen keine Staublunge bekommen.

39 Zauberblick von der Vexierkapelle

Vexierkapelle? Eigentümlicher Name. Wer war noch mal der heilige Vexier? – Einen solch komischen Heiligen hat es natürlich nie gegeben, ihren Namen trägt die Kapelle wohl deshalb, weil sie sich dem Betrachter ähnlich einem Vexierbild immer wieder in anderer Weise präsentiert, je nachdem, welchen Blickpunkt man wählt. Und der Blickpunkte gibt es viele, ist die Vexierkapelle doch hoch auf einem Berg über dem Wiesenttal errichtet. Hat man den Anstieg hinter sich, wird man durch einen weiten Fernblick belohnt. Vor uns, am linken Ufer der Wiesent, erhebt sich das Walberla, der zweigipflige Zeugenberg, auf dem bereits die Kelten gerne gesiedelt haben. Schaut man am Walberla vorbei, so erkennt man die Hochhäuser von Erlangen und bei klarer Sicht den Fernsehturm von Nürnberg. Tatsächlich ist die Vexierkapelle dem heiligen Nikolaus geweiht. An derselben Stelle erhob sich ab dem 12. Jahrhundert die mittelalterliche Burg der

Edelfreien von Reifenberg. Die Burg diente später als Amtssitz des Hochstifts Bamberg, ehe sie verfiel. Auf den Resten der Burgkapelle hat der Kirchehrenbacher Pfarrer Friedrich Bernhard 1607 einen Chor errichten lassen, eine kleine Kapelle, die 1706 erweitert worden ist. Seit ihrer Renovierung erstrahlt die Kapelle auch innen wieder in neuem Glanz. Glänzender noch aber ist der Blick über das Tal. Genießen Sie ihn! Und wenn Sie am Abend des 30. Aprils hinaufgestiegen sind, wundern Sie sich bitte nicht über die Feuer auf dem Walberla! In der Walpurgisnacht machen sich junge Leute einen Spaß daraus, als Hexen verkleidet durch die Flammen zu springen.

Johannes

→ Anfahrt über die B 470, von Forchheim kommend hinter Weilersbach links, Parkplätze nahe der Kapelle. Dicht unterhalb des Gotteshauses befindet sich der Reifenberger Keller, aktuell wird er leider nicht bewirtschaftet, dennoch ist er ein lohnendes Picknickziel.

40 Genussreise rund ums Walberla

Dieser Tag hat einen festen Platz im Kalender: Jeder dritte Sonntag im Oktober steht ganz im Zeichen von edlen Destillaten und süffigem Bier. 13 Brennereien und drei Brauereien rund ums Walberla laden ein zum »Tag der offenen Brennereien«. Dieser bietet die Möglichkeit, Schnapsbrennern über die Schulter zu schauen, sich über Obstwässer, Brände, Geiste und Liköre zu informieren und natürlich klassische Obstler, Holunderbeerenbrand, Cappuccino-Likör und Co. zu verkosten. Aber keine Sorge, beim »Tag der offenen Brennereien« geht es um weit mehr als das bloße Schnapseln. Angeboten werden Brauerei-Führungen, die Gäste können alle Fruchtsorten der Region erschmecken und staunend herausfinden, was die Erzeuger so alles daraus zaubern: angefangen von fruchtigen Aufstrichen bis hin zu verschiedensten Chutneys. Wer will, kann sogar beim Saftpressen mit Hand anlegen. Dazu gibt es fränkische Bratwürste vom Holzkohlegrill, frisch gebackene Küchla, Bohnakern, Schmalzbrot und vieles mehr. Unser Tipp: Dieses Fest für Genießer bei meist herrlichstem Oktoberwetter zu einem Wandertag mit Familie und Freunden zu machen.

Michael

→ Der »Tag der offenen Brennereien und Brauereien« im Landkreis Forchheim und in der Fränkischen Schweiz ist ein Fest für die ganze Familie. Er findet jedes Jahr am dritten Sonntag im Oktober statt. Es laden ein 13 Brennereien und drei Brauereien aus Dietzhof, Dobenreuth, Gosberg, Kirchehrenbach, Leutenbach, Mittelehrenbach, Ortspitz, Pretzfeld, Schlaifhausen, Thuisbrunn und Weingarts. Die Anreise mit dem ÖPNV ist empfehlenswert. Ein Bus-Sonderverkehr mit Start am Bahnhof Forchheim verbindet alle Ortschaften.

→ Wandervorschläge und weitere Infos: www.walberla.de oder www.schnaps-brennerei.com

Brände, Geiste, Obstler und noch viel mehr: Der »Tag der offenen Brennereien« ist ein Fest für die ganze Familie.

Pilot
Topaz
Hilde
Remo
PINOVA
Gold-
parmäne
Mairac
Goldrush

Der Lillach lauschen

Die Lillach ist ein scheues, etwas schüchternes Bächlein. So hat sie sich viel von ihrer Ursprünglichkeit bewahrt. Sie entspringt südlich des Dornbergs, oberhalb von Weißenohe. Ihre Geburt liegt geheimnisvoll im Dunkeln, vorsichtig wagt sie sich aus einer kleinen Höhle heraus, bevor sie ihr grünes Tal durchströmt. Atmet sie den Kohlenstoff der Luft, sinkt ihr Kalk auf den Grund, so formten sich über Zigtausende von Jahren Sinterterrassen, über welche die Lillach kaskadenähnlich zu Tal plätschert. Das gefällt nicht nur dem Wanderer, das gefällt auch seltenen Tieren wie dem Feuersalamander oder der Wasseramsel. Auch die Zweigestreifte Quelljungfer kann man übers Wasser tanzen sehen, an den Ufern erblühen Milz- und Moschuskraut, welche das feuchte Mikroklima schätzen. Machen Sie Folgendes: Nachdem Sie die Sinterterrassen bewundert haben, schließen Sie die Augen und lauschen, was die Lillach Ihnen erzählt. Sie werden überrascht sein!

Johannes

→ Am besten parkt man in Weißenohe. Es gibt auch einige Parkplätze weiter oben im Tal. Ein besonderes Erlebnis ist es, einen Osterspaziergang durchs Lillachtal zu machen. Dann wird die Quelle mit bunten Eiern festlich geschmückt.

MITTELFRANKEN

BIBRA
HESBERG
BREITEN STEIN
AVFSES
ANNO·DOMINI·1600
HEINRICH·VON VND·ZV·
BIBRA·VND·SCHWEBEN·ZC·
15†95

Stilvoll heiraten im Schloss Adelsdorf

Sie planen zu heiraten? Ein schöner Gedanke! Schöner als eine Hochzeitsfeier kann nur die Planung einer Hochzeit sein. Was den Ort angeht, an dem Ihr Ja-Wort erklingen soll, haben Sie die Qual der Wahl. In Franken gibt es zahlreiche hübsche Orte, um den Bund des Lebens zu schließen. Nürnberger, die auf sich halten, wählen die Kaiserburg, in Erlangen ist die Orangerie im Schlossgarten sehr beliebt, Würzburger trauen sich gerne im Wenzelsaal. Vielleicht aber bevorzugen Sie eine überraschende Location, einen Ort, den noch nicht jeder kennt und der dennoch gut erreichbar ist. Dann sollten Sie einmal in Adelsdorf vorbeifahren.

Wenn man Adelsdorf heißt, muss man im Besitz eines Schlosses sein, ganz klar. Das Schloss liegt nicht auf einem Hügel – die brauchte man ja für die Bierkeller –, sondern mitten im Ort. Ursprünglich stand hier eine Wasserburg, bevor man Ende des 16. Jahrhunderts ein barockes Jagdschloss baute. Freifrau Barbara von Bibra lebte bis zu ihrem Tod im Jahr 2016 im Haupttrakt des Schlosses, nun wird es überwiegend von der Gemeinde genutzt. Besonders hübsch ist die Schlosskapelle, in der es sich wunderbar heiraten lässt, zumal die Hochzeitsgesellschaft anschließend bequem im Schlosshof Schlange stehen kann, um die Braut zu küssen. Der lauschige Park lädt zum Verlustieren ein, mit einem Glas Sekt in der Hand wird man auf Sie anstoßen. Und zu Musik und Tanz gibt es in der Nachbarschaft beste Gelegenheit, im *Landhotel 3 Kronen*. Genießen Sie den Tag!

Johannes

→ Schloss Adelsdorf, Hauptstraße 4, 91325 Adelsdorf

2 Schicht im Schacht oder: Wie ein Storch dem Brauer das Handwerk legte

Kommt man auf dem Weg durch das Aischtal, das Tal der tausend Teiche, nach Uehlfeld, warnt ein ungewöhnliches Verkehrsschild: »Vorsicht, tieffliegende Störche!« In Franken finden sich vielerorts noch Nistplätze für Meister Adebar, der Aischgrund mit seinen Froschwiesen und Karpfenteichen aber ist ihr Eldorado und Uehlfeld die heimliche Storchenhauptstadt. 35 Nester wurden dort bereits gezählt. Im Frühjahr 2020 besaß ein Storch die Dreistigkeit, sich für seinen Nestbau ausgerechnet den Kamin der Uehlfelder Brauerei auszugucken. »Eine Wohnung mit Zentralheizung«, wird er sich schlau gedacht haben. Außerdem mit aromatischer Belüftung, das kommt bei der Störchin gut an.

Brauer Zwanzger aber sah's mit Sorge. Ein verstopfter Kamin, das geht gar nicht. Wie sollte er denn jetzt sein Bier sieden? Noch viel weniger aber geht es, einem Storch sein Nest zu nehmen, zumal die Eier schon gelegt waren. Tierliebe geht vor! Erst als die kleinen Störche flügge geworden waren, ließ der Brauer und Gastwirt einen Kran kommen, das Nest anheben und ein Nistgestell auf dem Schornstein errichten. Weiter benutzen dürfen die Störche auch das Uehlfelder Kirchendach. Wie man auf dem Foto erkennt, haben sie es auf Storchenweise fröhlich geweißelt. Dazu gibt es ein Gedicht von Goethe, das wir Ihnen nicht vorenthalten wollen, auch wenn wir die darin enthaltene Kirchenkritik des Geheimen Rates, eines großen Freunds des Frankenlandes, natürlich nicht teilen:

Beruf des Storches

Der Storch, der sich von Frosch und Wurm
An unserm Teiche nähret,
Was nistet er auf dem Kirchenturm,
Wo er nicht hingehöret?

Dort klappt und klappert er genug,
Verdrießlich anzuhören;
Doch wagt es weder alt noch jung.
Ihm in das Nest zu stören.

Wodurch – gesagt mit Reverenz –
Kann er sein Recht beweisen?
Als durch die löbliche Tendenz
Aufs Kirchendach zu …

Johannes

→ Die Storchenhochburg beherbergte 2020 stolze 35 Storchenpaare, ein Storchenlehrpfad informiert und lässt den Wanderer den Aischgrund genießen. Anfahrt über A 3 Ausfahrt Höchstadt-Ost, von Südwesten über die B 470.

Karpfen poetisch

3

Was an diesem Goethezitat lustig sein soll? Eigentlich nichts. Eigentlich. Wenn, ja wenn die Holztafel nicht an einem Röttenbacher Karpfenweiher angebracht wäre. »Willst du immer weiter schweifen …« – Ja, was soll er denn machen, der Karpfen? Selbst wenn er wollte, könnte er doch den schlammigen heimatlichen Grund nicht verlassen. »Sieh, das Gute liegt so nah!«, das scheint wiederum dem karpfenhungrigen Wanderer zugerufen, der nach den langen r-losen Monaten im September endlich wieder sein Prachtexemplar serviert bekommt: »Lerne nur, das Glück ergreifen, denn das Glück ist immer da!« Guten Appetit!

Johannes

→ Die Orte im Aischgrund sind durch den Karpfenradweg miteinander verbunden. Im nahen Hemhofen-Zeckern befindet sich einer der schönsten jüdischen Landfriedhöfe.

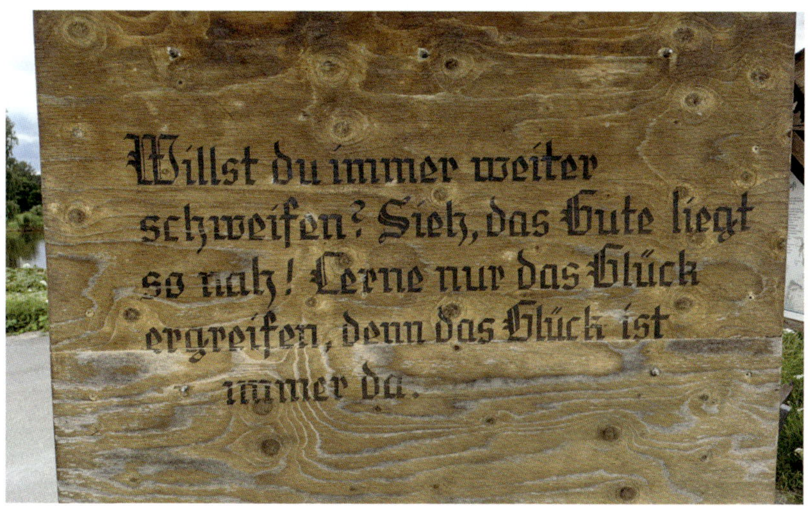

4 In der heiligen Unterwelt der Bierbrauer

Ein Ausflug auf den Erlanger »Berch« lohnt sich bekanntlich immer. Hier sitzt man auf den Terrassen oder unter mächtigen Laubbäumen mit Freunden in geselliger Runde zusammen. Man gönnt sich nach getaner Arbeit noch ein kellerfrisches Feierabendbier, liest in Ruhe ein Buch oder nimmt sich eine Auszeit.

Doch ein Ausflug *in* den Keller lohnt sich ebenfalls. Seit dem 17. Jahrhundert wurde von Erlanger Brauern ein schier unendliches Gänge-Labyrinth mit kirchenschiffartigen Kavernen in den Burgberg gegraben, um sie als Naturlager zu nutzen. Das dort gelagerte untergärige Bier machte geschmacklich in besonderer Weise von sich reden. Einer der Umstände, der dazu führte, dass einst Erlangen und nicht etwa München oder Nürnberg das »Bier-Mekka« schlechthin war. Das Erlanger Bier wurde nicht nur in vielen Restaurants des Deutschen Kaiserreiches geschätzt, man trank es in Skandinavien, im Baltikum oder in Nordamerika.

Es hätte eine bis heute andauernde bierselige Erfolgsgeschichte werden können, wenn nicht Carl von Linde gewesen wäre.

Seine Erfindung der Kältemaschine führte dazu, dass der Erlanger Bierberg in den Dornröschenschlaf fiel und die Keller in Vergessenheit gerieten. Bis Heinrich Engelhardt 1950 mit der Sanierung des Eingangsstollens des heutigen *Entla's Kellers* begann. Dank dieses Engagements kann man den ältesten Felsenkeller auf dem Erlanger Bierberg heute wieder im Rahmen von Kellerführungen besichtigen. Ein wahrhaft magisches Erlebnis.

Einmalig ist auch das, was bald in die Steinkrüge am *Entla's Keller* fließt. Vermutlich gibt es in ganz Europa keine Brauerei, die ihr Bier in einem Kellerstollen braut. Vincenz Schiller, Betreiber des *Entla's Kellers* in dritter Generation, eröffnet im Herzen des Erlanger Bierbergs eine Hausbrauerei. Noch ein Grund mehr, auf oder in den Keller zu gehen. Wo sonst lässt sich schließlich die fränkische Seele besser ergründen als an einem solchen Ort?

Michael

→ *Entla's Keller*, An den Kellern 5–7, 91054 Erlangen, www.entlaskeller.de. Der *Entla's Keller* hat von April bis Ende September täglich von 11 bis 23 Uhr geöffnet. Kellerführungen finden jeden Sonntag um 11 Uhr statt, nicht während der Bergkirchweih.

5 Kaffee, Kultur und Panoramablick

Ein atemberaubender Panoramablick über die Dächer Erlangens weit hinein ins Umland, dazu ein leckerer Cappuccino und ein Stück hausgemachte Torte. Das allein reicht eigentlich schon für einen Besuch des *Cafés Wohnstift*. Doch es gibt noch einen weiteren sehr guten Grund, mit dem Aufzug in den achten Stock des Wohnstifts Rathsberg zu fahren, auch wenn man keine Freunde oder Verwandten besucht, die in der Premium-Seniorenresidenz in Erlangen zu Hause sind. Hier oben kann man immer wieder auch kulturelle Bonbons in besonderer Atmosphäre genießen. Wie wäre es zum Beispiel mit einem sonntäglichen Jazzbrunch oder einer fesselnden Lesung? Dazu dieser einmalige Blick, der besonders am Abend, wenn die Sonne untergeht, in seinen Bann zieht. Fabelhaft.

Michael

→ Wohnstift Rathsberg, Rathsberger Straße 63, 91054 Erlangen, www.wohnstift-rathsberg.de. Das *Café Wohnstift* im 8. Stock des Wohnstifts Rathsberg hat Dienstag bis Sonntag von 14 bis 19 Uhr geöffnet. Das facettenreiche kulturelle Programm, das regelmäßig im Wohnstift Rathsberg dargeboten wird, ist meist für alle Interessierten zugänglich. Namhafte Künstler, Literaten und Musiker, wie die Nürnberger Philharmoniker oder Jazz-Legende Chris Barber, stehen immer wieder auf der Bühne.

Der Erlanger Leuchtturm

Manch Pendler, der nach einem arbeitsreichen Tag Erlangen passiert, mit dem Auto über den Frankenschnellweg oder in der Bahn am Fenster sitzend, hält unwillkürlich inne, wenn der Kamin der Erlanger Stadtwerke in seinen Blick gerät. Jeden Tag kann sich der schlanke Himmelsstürmer in einer anderen Farbe kleiden, in ein dunkles Rot, ein leuchtendes Grün oder in ein tiefes Blau. Gelegentlich wählt er auch der Farben zwei und geht elegant gestreift auf Wache. Ja, ein Wachturm ist er, ein stiller Wächter über den Dächern der Stadt. Sage einer, dass Industrie nicht romantisch sein kann.

Johannes

6 Friedrich Rückert und die Kunst zu trauern

Wie viel Leid hält ein Mensch aus? Wann muss er vor Qual verstummen? Grausam traf es Friedrich Rückert, den großen Dichter, als im Dezember 1833 die kleine Luise starb, sein geliebtes Töchterchen. Gerade mal drei Jahr alt, erkrankte sie an Scharlach, nach einer fürchterlichen Leidenszeit hörte ihr Herz am Silvestertag auf zu schlagen. Und damit war das Elend nicht genug. Nur zwei Wochen später traf es Ernst, Luises Brüderchen. Die Eltern hatten sie die Unzertrennlichen genannt, weil sie stets so innig miteinander gespielt hatten, unzertrennlich bis zum Tod. Der Vater war bis in die tiefste Seele erschüttert. Zu nichts war der berühmte Dichter und Sprachgelehrte mehr fähig, nicht zum Unterrichten, nicht zum Übersetzen. Nur eines vermochte er noch, etwas unendlich Grausames und Schönes zugleich: Gedichte über seine beiden Kleinen zu schreiben. Nicht für die Öffentlichkeit, nur für sich. Dennoch blieben sie nicht unbemerkt. Wenn Rückert in sein Arbeitszimmer trat und auf sein jüngstes Totenlied blickte, so fiel ihm auf, dass die Tinte verlaufen war. Eine Träne musste aus dem Auge seiner Frau gekullert sein.

Ich sagt' es meinem Mädchen ins Ohr,
Als ich sie verlor:
Wenn du nicht bleiben willst bei mir,
So muß ich gehn mit dir.
(Aus: Es ist zu schwer, was ich erlitt)

Über 400 Gedichte entstanden auf diese Weise, die Kindertotenlieder: zornige, klagende, unglaublich zärtliche, mit Gott hadernde, tieftraurige und himmelwärts schauende. Anrührend sind sie bis heute, vielfach vertont, nicht nur von Gustav Mahler. So seltsam es klingen mag: Beim Dichten der Totenklage fand Friedrich Rückert Trost, Trost auch beim Pflegen der Gräber. Seinem Ernst hatten die Rosen bei den Großeltern in Neuses so gut gefallen, also pflanzte er ihm eine Rose. Sein kleines Luischen wollte so gerne Köchin werden, also pflanzte er ihr Küchenkräuter aufs

Alte Birke am Doppelgrab der Rückertkinder auf dem Neustädter Friedhof

Grab. Und als Rückert nach den Erlanger Jahren an die Universität Berlin wechselte, ließ er einen Baum pflanzen, eine Birke. Ihr Stamm steht immer noch, von Efeu überwuchert. Den Blick des Besuchers zieht es unwillkürlich nach oben, zum Himmel empor.

Johannes

→ Wer das Kinderdoppelgrab besuchen will, findet es in Erlangen auf dem Neustädter Friedhof (Parkmöglichkeiten auf dem nahen Großparkplatz).

SPEZIALITÄTEN-BRAUEREI
STEINBACH BRÄU
ERLANGEN

Auf ein »Seidla« mit dem Storch

Erlangen, Vierzigmannstraße: Hier wird Bierbrauerromantik gelebt. Stets ist es bei *Steinbach Bräu* ein Brauer, der sich um den Sud kümmert, das Brauverfahren ist dasselbe wie früher und gelagert wird klassisch mindestens vier Wochen. In der kleinen Spezialitätenbrauerei in der Erlanger Altstadt bedient kein Computer das Sudhaus, sondern ein Mensch.

Das Ergebnis probiert man am besten im Sudhaus vis-à-vis der kupfernen Braukessel. Bei schönem Wetter empfiehlt sich dagegen der ein oder andere »Storch« im Biergarten unter einer großen Eiche und zahlreichen Lampions mit Blick auf das Storchennest. Die Wappentiere der familiengeführten Gasthausbrauerei brüten sage und schreibe schon seit einem Vierteljahrhundert ununterbrochen auf dem Dach des Anwesens in der Vierzigmannstraße. Ihnen zu Ehren wird das ganzjährig ausgeschenkte Storchenbier gebraut.

Neben dem Klassiker gibt es jeden Monat eine weitere Bierspezialität zu entdecken. Streng nach dem Reinheitsgebot gebraut, versteht sich, und doch immer wieder erfrischend anders: Mal kann man sich mit einem »Hopferla« zuprosten, mal mit einem »Summer of 67«, je nach Lust und Laune des Braumeisters. Nur schnell sein sollten Sie, denn die jeweils neu kreierten Biere sind in der Regel in kürzester Zeit ausverkauft. Es hat sich eben herumgesprochen, dass es hier noch Bier mit Herz und Seele gibt. Selbst die Störche aus dem Nürnberger Tiergarten kommen regelmäßig auf eine Stippvisite in der Gasthausbrauerei im benachbarten Erlangen vorbei. Ob sie im Storchennest auch hin und wieder von einem »Seidla« träumen?

Michael

→ Die *Steinbach Bräu* beherbergt auch ein sehenswertes kleines Biermuseum. Auf dem Gerstenboden bietet es einen interessanten Überblick über die Erlanger Biergeschichte, Bierherstellung und die Bergkirchweih. Besichtigung nach Vereinbarung (Tel. 09131/895912). *Steinbach Bräu*, Vierzigmannstraße 4, 91054 Erlangen, www.steinbach-braeu.de.

Prost: Einen frisch gezapften »Storch« probiert man am besten im Sudhaus. Bei schönem Wetter empfiehlt sich ein Besuch des Biergartens.

8 Franken alpin

»Ja, ja«, hören wir manchen seufzen, »die Fränkische Schweiz, das Fichtelgebirge, die Frankenhöhe und der Steigerwald …, alles lieb und nett. Was aber sind all die niedlichen Hügel gegen die Alpen, gegen die einzigartige Natur in den luftigen Höhen!«

Allen Alpinisten sei fröhlich zugerufen: Alpenatmosphäre? Können Sie auch mitten in Franken genießen! Besuchen Sie den Botanischen Garten in Erlangen! Hier gibt es Gipfel zu erklimmen, wo die raue Wildheit der Alpen aufleuchtet. Ohne schweißtreibende Anstiege bewältigen zu müssen, findet sich an diesem idyllischen Fleck alles, was im Hochgebirge wächst: die bewimperte Alpenrose, das stängellose Leimkraut, die Mehlprimel oder auch Hauswurz und Frauenmantel. Dazu kann man Schotterfelder bestaunen, wilde, wie von einem Riesen hingeschleuderte Granitfelsen, an denen tapfere Mauerblümchen sprießen, aus Klüften wachsende Krüppelkiefern. Und das Schönste: Wer genug von der alpinen Landschaft hat, der geht einfach ein paar Schritte weiter, schon wandelt er unter Palmen. Oder durch ein verwunschenes Wäldchen. Oder er sieht einer fleischfressenden Pflanze zu, wie sie eine vorwitzige Fliege verspeist. Oder spaziert

Alpines Flair im Botanischen Garten

nach dem Betreten der hohen Gewächshäuser durch Amazonien. Oder pfeift das Liedchen »Mein kleiner grüner Kaktus« und durchquert – vorsichtig, vorsichtig! – eine stattliche Stachelplantage. Oder er bewundert quirlige Goldfische, die vor einem Koi herumschwimmen. Was ein Koi hier soll? Nun, so japanisch, wie der Koi tut, ist er gar nicht. Mindestens zur Hälfte hat er fränkische Wurzeln. Sie glauben uns nicht? Tatsache. Ein japanischer Biologe, viele Jahrzehnte her, kam einst nach Erlangen, wo er sich mit einem deutschen Kollegen anfreundete. Man fand, dass die Japaner zwar mit ihren Goldfischen die schöneren Zuchtfische haben, die Deutschen mit dem Karpfen allerdings den gewichtigeren. So kam man auf die Idee, ein Fass mit Karpfen nach Japan zu schippern, um ein Liebesverhältnis anzubahnen. Der Hälfte der Karpfen ging auf der langen Irrfahrt die Luft aus, die andere aber überlebte und die Karpfen fühlten sich in den japanischen Teichen bald pudelwohl. Mit den hübschesten japanischen Goldfischen paarten sie sich auf das Lustigste, der Koi war geboren. Nur Banausen aber kämen auf die Idee, zu fragen, wie er wohl schmeckt. Es gibt doch genug hübsch zubereitete heimische Alternativen.

Der Botanische Garten in Erlangen zählt zu den schönsten seiner Art. Das hatte schon Loki Schmidt festgestellt, die Frau unseres nikotinintensivsten Bundeskanzlers, und Loki musste es wissen, kaum einer hat sich mit den Gärten Europas intensiver beschäftigt. Ursprünglich befand sich der Universitätsgarten vor dem Nürnberger Tor, dann entschied man sich für das Gelände neben dem Schlossgarten, 1770 war das. Der erste Direktor hieß Schreber, eine Familie mit wahrhaft grünem Daumen, ein Neffe Schrebers erfand den Botanischen Garten für jedermann, der seitdem seinen Namen trägt.

Johannes

→ Wer mit dem Auto anreist, parkt auf dem Großparkplatz oder dem Theaterplatz. Der Botanische Garten kann vom Schlossgarten, von der Östlichen Stadtmauerstraße und der Wasserturmstraße aus betreten werden. Im Garten befindet sich mit der Neischl-Höhle die Nachbildung einer Tropfsteinhöhle.

9 Das Ohmsche Gesetz

Als 1789 in Frankreich die Revolution ausbrach, wurde in Erlangen ein Mann geboren, der die Elektrizitätslehre revolutionieren sollte: Georg Simon Ohm. Kein Schüler, der heute das von ihm gefundene Gesetz nicht kennt. Noch viele andere bahnbrechende Erkenntnisse gehen auf den Franken zurück, insbesondere in der Akustik. Die Einheit des Widerstands wurde nach ihm benannt. Sehr zu Recht. Hätte es damals schon den Nobelpreis gegeben, Ohm hätte ihn bekommen.

Einiges erinnert in Erlangen noch an Georg Simon Ohm, manche behaupten etwas spöttisch, Erlangen sei die Hauptstadt der Widerstände. Kein größeres Projekt, gegen das sich nicht gleich eine Bürgerinitiative bildet, die Landesgartenschau, die StadtUmlandBahn, neue Baugebiete … Der Ohmplatz und das Ohm-Gymnasium ehren den großen Physiker. Den schönsten Eindruck von der Jugend Georg Simon Ohms aber bekommt man, wenn man durch die Fahrstraße schlendert und sein erhaltenes Elternhaus betrachtet. Sehenswert!

Johannes

Bürgerhaus in der Fahrstraße, das ehemalige Elternhaus von Georg Simon Ohm

Schwierige Frage: Wo endet das Frankenland?

Die Grenzen Frankens sind nicht so leicht zu erkennen. Man darf sich von den politisch gezogenen Linien nicht täuschen lassen, das Frankenland sprengt alle Grenzen, ob in Thüringen, in Baden oder in Hessen. Wie aber kann man herausfinden, ob man noch fränkischen Boden unter den Füßen hat? Hierbei hilft folgender Trick: Betreten Sie die Metzgerei des Ortes und fingern Sie, nachdem Sie sich mit den köstlichen Wurstwaren eingedeckt haben, beim Bezahlen umständlich nach dem letzten Cent. Sagt die Metzgereifachverkäuferin »Basst scho!«, befinden Sie sich in Franken, auch wenn Sie glauben, in Baden-Württemberg oder Thüringen zu sein. Und wenn es am Ort keine Metzgerei gibt, fragen Sie? Dann sind Sie nicht in Franken! Ohne Metzger, wie sollen die Menschen denn überleben?

Johannes

→ Die abgebildete Wursttheke stammt von der Metzgerei Lang in Uttenreuth, einem mehrfach prämierten Fleischveredler.

Märchenhafte Unterwelt

10

Elfen und andere Feenwesen, ein mächtiger schwarzer Adler, der nach uns greifen will, Neuschwanstein, Schneewittchen mit den sieben Zwergen …, seltsame Dinge begegnen uns tief unter der fränkischen Erde: An vielen Stellen ist das Frankenland löchrig wie ein Schweizer Käse, unzählige Höhlen verbergen sich in der Tiefe. Die meisten liegen versteckt und in vollkommener Dunkelheit, andere hat man durch Treppen und Wege zugänglich gemacht und die Geheimnisse des Berges hell ausgeleuchtet. So auch die Maximiliansgrotte in einem Berg hoch über Neuhaus an der Pegnitz. Gehen Sie auf Entdeckungstour! Eine schwarze Höhle, in der eine mächtige Orgel ihre Tropfsteinpfeifen glänzen lässt, in einer Ecke morsche Knochen, traurige Reste von Soldaten, die man 1703 in die Höhle geworfen hat, ein tropfender Elefant, die Gottesmutter, eine prächtige Schatzkammer und dann der mächtige Eisberg, das Herz der Maximiliansgrotte, Deutschlands größte Tropfsteinformation. Wie lange wird die Natur gebraucht haben, um dieses Kunstwerk zu modellieren? Ein Ort zum Staunen!

Johannes

- → Den in der Höhle gereiften »Grottenkäse« müssen Sie unbedingt probieren. Gibt's im Gasthof nebenan. Die Verwaltung der Grotte liegt in den Händen der Familie Lohner, Grottenhof, 91284 Neuhaus/Krottensee.
- → Andere Schauhöhlen laden gleich in der Nähe in der Fränkischen Schweiz zur Besichtigung ein: die Teufelshöhle in Pottenstein oder die Binghöhle in Streitberg.

Märchenhafte Tropfsteingebilde in der Maximiliansgrotte bei Neuhaus

An und auf der jungen Pegnitz

Unbegradigte Flusstäler sind selten geworden. Wer ein Stück unverfälschter Natur erleben möchte, findet diese im oberen Pegnitztal. Zwischen steil aufragenden Felswänden sucht sich die Pegnitz ihren Weg, fröhlich mäandert sie durch grüne Wiesen, mächtige Uferbäume lassen ihre Zweige in den Wellen spielen, Gänse und Kühe nehmen gerne einen Schluck von dem guten Wasser, das oberhalb der Stadt Pegnitz dem Ostrand der Fränkischen Schweiz entspringt. Egal, ob man sich die Wanderschuhe angezogen oder mit dem Rad den begleitenden Weg eingeschlagen hat, immer wieder ergeben sich neue Perspektiven, kommt man durch hübsche Ortschaften oder kann die historischen Brücken der alten Eisenbahnstrecke bewundern, die sich von einem Ufer zum anderen schwingt. Mit etwas Glück kann man sogar einen gewaltigen Wasserfall in den Fluss stürzen sehen. Die schönste Art aber, die junge Pegnitz zu bewundern, ist die Perspektive vom Wasser aus. Einfach ein Kanu mieten und sich hinuntertreiben lassen, man holt Sie zuverlässig von ihrem Landungspunkt wieder ab.

Johannes

→ Je nach Jahreszeit werden unterschiedliche Abschnitte der Pegnitz für das Paddeln freigegeben. Nähere Hinweise unter: www.urlaub.nuernberger-land.de. Auf der Webseite finden Sie auch viele Hinweise auf Wanderwege entlang der Pegnitz.

Kiosk
am schönsten
Arsch
der Welt

Am schönsten Arsch der Welt

12

Waren Sie schon einmal am Arsch der Welt? Wenn nicht, dann sollten Sie das dringend nachholen. Denn am selbsternannten schönsten selbigen lädt eine Biergarten-Idylle sondergleichen zur Einkehr ein. In Lungsdorf im Oberen Pegnitztal bietet Monika Lauber ihren Gästen nicht nur leckere hausgemachte Kuchen und kleine Brotzeiten mit Delikatessen aus heimischen Metzgereien. Das Sahnehäubchen ist die einmalige Atmosphäre ihres kleinen Kiosks »Bengerdsschnouggn«. Zwischen Felsen an einer Flussbiegung direkt am Ufer der Pegnitz gelegen, kann man hier wunderbar die Seele baumeln und den Alltagsstress hinter sich lassen. Ein kleiner Fränkisch-Sprachkurs inklusive. Denn bestellt wird natürlich in Landessprache: Auf der Karte stehen »Grubfder mid Hulzufmbroud« oder »a Boor Bauernsaifzer und an Semft«. Aber keine Sorge, die sympathische Wirtin erklärt gerne auch Hungrigen, die des Fränkischen nicht mächtig sind, was sie kredenzt. Vielleicht verrät sie Ihnen sogar, warum ihr Kiosk *Bengerdsschnouggn* heißt. Wenn Sie dort sind, werden Sie feststellen, dass Sie ihn gefunden haben, den schönsten Arsch der Welt.

Michael

→ Kiosk *Bengerdsschnouggn*, Lungsdorf, 91235 Hartenstein. Geöffnet hat der Kiosk jeweils samstags und sonntags sowie an Feiertagen ab 10.30 Uhr.

Willkommen bei den »Bengerdsschnouggn«: Direkt am Ufer der Pegnitz kann man wunderbar die Seele baumeln lassen.

13 »Betreten und Entdecken erwünscht«

Was gibt es Schöneres, als den eigenen Nachwuchs dabei zu beobachten, wie er (oder sie) ganz ohne Spielzeug kreativ wird und aus allerlei Stöcken, Steinen und Blumen kleine Kunstwerke zaubert. Wenn sich ganz nebenbei noch was fürs Leben lernen lässt – wunderbar. All das geht im idyllischen Sittenbachtal im Nürnberger Land. Hier haben die Kirchensittenbacher gemeinsam mit ihrem Bürgermeister Klaus Albrecht einen besonderen Spielplatz geschaffen. Auf dem kleinen Gelände des Naturerlebnisgartens ist der Lauf des Sittenbachs mit seinen Steinen und anderen Elementen so angelegt, dass er bereits die Kleinsten herrlich zum Matschen, Planschen und Waten einlädt. Bei den Größeren sorgen zahlreiche Klettermöglichkeiten in Form von Erdwällen, einem kleinen Hügel und sogar einem Baumhaus dafür, dass keine Langeweile aufkommt. Ein verwunschener Auenwald mit Biotop regt wunderbar die Fantasie an – ganz ohne »Virtual Reality«.

Ein »Kräuterbaby« zeigt für jede Region unseres Körpers die passenden Heilpflanzen und dient gleichzeitig als Nektar- und Pollenspender für die Bewohner des Insektenhotels, das in der Mitte des Naturerlebnisgartens sein Zuhause hat. Schilder mit Informationen zu den einzelnen Stationen liefern weiteres Wissen. Spielerisch erklärt wird zum Beispiel, wie wichtig auch Unkraut für Tiere und Pflanzen ist. Ein Hinweis, der ob der zunehmenden Steinwüsten in hiesigen Gärten auch manchem Erwachsenen sicherlich nicht schadet.

Überhaupt: Nicht nur für die Kinder ist der Naturerlebnisgarten ein lohnendes Ziel. Mit seinen vielen Sitz- und Liegeflächen unter schattigen Bäumen ist er für Spaziergänger oder Eltern, die ihre Kinder beaufsichtigen, ein Ort zum Ruhen, Entspannen und Genießen. Der außergewöhnliche Naturlehrpfad, er schafft auch Raum für Körper, Geist und Seele und lässt Hektik und Stress vergessen. Wie schön ist es, einen Ort zu kennen, an dem etwas auch in Franken gar Untypisches zu lesen ist: »Betreten und Entdecken erwünscht«.

Michael

→ Ein Besuch des für jedermann immer frei zugänglichen Naturerlebnisgartens lohnt sich nicht nur im Sommer, sondern auch im Herbst oder an kalten Wintertagen. Naturerlebnisgarten Kirchensittenbach, Dietershofen 24, 91241 Kirchensittenbach. Anfahrt: Mühlwiese, 91241 Kirchensittenbach. Zahlreiche Parkmöglichkeiten am Parkplatz der Grundschule vorhanden. Von dort über das Gelände des Sportvereins SpVgg Sittenbachtal 1952 zum Naturerlebnisgarten spazieren (keine fünf Minuten).

Fränkische Kellnerinnen

Eine Sonntagswanderung. Heiß sticht die Mittagssonne, zudem meldet sich der Hunger: Zeit für eine Einkehr. Ein Gasthaus mit hübschem Garten liegt am Weg. Wir setzen uns unter einen Sonnenschirm und bestellen unseren Braten, als es zu blitzen und zu donnern beginnt, ein heftiges Gewitter zieht auf, bald schüttet es aus Kübeln. Unter dem weit ausladenden Schirm sitzen wir im Trocknen, doch was wird aus unserem Sonntagsbraten? – Kein Problem, nicht für fränkische Kellnerinnen! Mit Regenschirmen bewaffnet eilen sie aus dem Wirtshaus und servieren uns die dampfenden Teller, kein Tropfen hat die Soße verwässert!

Johannes

Ich stand auf Berges Halde ...

Abendruhe am Glatzenstein. Die letzten Strahlen der Sonne tanzen über das Nürnberger Land. Was passt da besser, als das Gedicht eines seine Heimat liebenden Franken?

Abendlied (Auszug)

Ich stand auf Berges Halde,
Als heim die Sonne ging.
Und sah, wie über'm Walde
Des Abends Goldnetz hing.

Des Himmels Wolken tauten
Der Erde Frieden zu,
Bei Abendglockenlauten
Ging die Natur zu Ruh'.

Ich sprach: O Herz, empfinde
Der Schöpfung Stille nun
Und schick' mit jedem Kinde
Der Flur dich auch, zu ruh'n.

Friedrich Rückert

Johannes

RESTAURANT
MICHELSBERG
GENUSS FREUDE

Über den Dächern von Hersbruck

15

Zwei Fliegen mit einer Klappe schlagen: Das ist einfach am Michelsberg über den Dächern von Hersbruck. Er ist der ideale Ort, um sich bei bodenständiger fränkischer Küche mit leichten Abschweifungen ins Französische und natürlich einem frisch gezapften Hersbrucker Bier der Schönheit der Natur hinzugeben.

Sie sind Franke und sympathisieren mit dem FC Bayern München, trinken lieber Alsterwasser als Radler oder feiern lieber Karneval als Fasching? Auch dann sollten Sie an den Michelsberg denken und sich folgende Koordinaten gut einprägen: N 49° 30' 50.45" / E 11° 25' 36.91". Diese stehen für einen Quadratmeter Freiheit. Auf dem Michelsberg hat Peter Kees deutsches Staatsgebiet besetzt und zum arkadischen Hoheitsgebiet erklärt.

Seit 2013 sucht der Konzeptkünstler in verschiedenen Regionen Europas jeweils einen Quadratmeter Land aus und erklärt es zum staatsfreien Gebiet – in Finnland, der Schweiz, in Italien, Österreich, Polen und eben auch in Franken. Das okkupierte Land, gekennzeichnet durch vier Grenzsteine und rote Stangen, gehört nicht mehr zur Bundesrepublik Deutschland. Es ist nicht mehr national gebunden. Fremde Staatsgewalten dürfen Personen nach dem Willen des Künstlers hier nicht mehr belangen.

Zwar ist die Ideallandschaft in keiner Karte verzeichnet, doch könnte es kaum einen geeigneteren Ort dafür geben als den Michelsberg. Denn der Hersbrucker Hausberg erlaubt nicht nur einen einmaligen Blick auf die historische Stadt Hersbruck und das gesamte Pegnitztal, sondern hat auch ein kleines Restaurant mit leckerer deutscher und französischer Küche und gemütlichem Biergarten zu bieten. Es gibt wahrlich schlechtere Orte für ein Leben im Exil, finden Sie nicht auch? Hier stimmt es vollends: Ein Quadratmeter Arkadien ist ein Quadratmeter Freiheit, ein Quadratmeter Zufluchtsort, ein Quadratmeter Glück.

Michael

→ Der Arkadische Quadratmeter und das Restaurant liegen am Michelsberg, Hans-Sachs-Ring 21, 91217 Hersbruck, www.michelsberg-hersbruck.de.

Ein Quadratmeter Freiheit und kulinarischer Genuss am Michelsberg

16 Druckfrisch von »Anno dazumal«

In Hersbruck ticken die Uhren ein wenig langsamer als anderswo in Franken, so sagt man. Doch es ist mehr als ein Gerücht: Achten Sie bei Ihrem Besuch der kleinen lebens- und liebenswerten Stadt im Herzen der Hersbrucker Schweiz unbedingt auf ihr Markenzeichen. Immer wieder werden Sie über eine kleine Schnecke stolpern. 2001 wurde Hersbruck zur ersten »Città slow« Deutschlands, einer Bewegung, die als Gegenpol zum immer weiter verbreiteten Fast-Food-Essen gegründet wurde und sich einer nachhaltigen Lebensweise verschrieben hat.

Kein Wunder also, dass die städtischen Busse mit Erdgas betrieben werden und das Hersbrucker Bier ausschließlich mit erneuerbaren Energien gebraut wird. »Herschbrugg« steht aber nicht nur für Lebensqualität, Entschleunigung und Nachhaltigkeit. Schauen Sie unbedingt im Mauerweg an der Hausnummer 17a vorbei. Aus der Sammelwut und der Begeisterung für Typografie zweier Schriftsetzerlehrlinge entstand hier 1969 die Original Hersbrucker Bücherwerkstätte. Ein kultiger Ort, den es so kein zweites Mal gibt.

Begleitet von hochrangigen Literaten basteln sie auch nach mehr als 50 Jahren, abseits des großen Kulturbetriebes, unverdrossen in ihrer Werkstatt. Unzählige Ausstellungen und anderweitige Aktivitäten rund um Satz, Druck und Kunst machten die Original Hersbrucker Bücherwerkstätte bundesweit bekannt. Mit ihren vielgestaltigen Illustrationen und der wilden Typografie sind sie aus der Handpresseszene nicht mehr wegzudenken.

Das Markenzeichen der urigen Herzblut-Werkstatt in der Hersbrucker Stadtmauer ist der heiß begehrte Kunstdruckkalender, der jedes Jahr strikt auf 200 Exemplare limitiert ist. Vielleicht haben Sie ja Glück und ergattern eines dieser nummerierten und am Blatt signierten Sammlerstücke. Dann sollten Sie allerdings im Advent in Hersbruck sein, denn der Kalenderverkauf ist nur an wenigen Tagen möglich. Dafür werden zum Kalenderverkauf Glühwein, Bier und Plätzchen gereicht. Ein einmaliges Erlebnis.

Michael

→ Original Hersbrucker Bücherwerkstätte, Mauerweg 17a, 91217 Hersbruck, www.hersbrucker-buecherwerkstaette.de. Die genauen Verkaufstage (u. a. des Kunstdruckkalenders) erfragen Sie bitte per Mail info@hersbrucker-buecherwerkstaette.de oder unter Tel. 0157-53412899.

Italiens nördlichstes Panorama

Ein Blick wie im Tessin. Auf den Lago Maggiore. Oder vom Monte San Salvatore auf den Luganer See. Oder südlicher, in Umbrien, von den Höhen des Apennin auf den Trasimenischen See: fernwehsüchtig und sonnentrunken. All das kann man auch in Franken haben. Unter der windgebeugten Krüppelkiefer auf dem schroffen Felsen des Hohlen Fels stehend blickt man weit über das Nürnberger Land, zu Füßen der Stausee von Happurg, klarstes Wasser, das zum Baden einlädt. Oder einfach nur zum stillen Betrachten.

Johannes

→ Mit der S-Bahn bis Happurg, mit dem Auto nach Happurg oder zum Wanderparkplatz Förrenbach, von dort den Wanderschildern folgen.

Blick vom Hohlen Fels auf den Happurger Stausee

Wenn die Friseur-Weltmeisterin die Schere wetzt

Franken ist Weltmeister. Aber nicht nur, wenn es um Fußball geht – Stichwort: Lothar Matthäus. In Diepersdorf werden gar weltmeisterlich Haare geschnitten und gestylt. Hier hat Friseur-Weltmeisterin Sonja Fischer ihren Salon. Ein kurzer Blick auf das wuchernde Gestrüpp auf dem Kopf, das sich einst Frisur nannte, und die Koryphäe an den Haaren legt los. Augen schließen und sich überraschen lassen, lautet die Devise. Unglaublich, aber wahr: Sonja erkennt intuitiv, wer der Mensch vor ihr ist und welche Frisur zu ihm passt. Für den, der es noch nicht erlebt hat, fast »unheimlich«. In jedem Fall genial, auch noch nach Tagen der Selbstbetrachtung. Kann sich sehen lassen, finden Sie nicht auch?

Michael

→ Sonja Fischer, Schwaiger Straße 11, 91227 Diepersdorf, www.friseurweltmeister-sonja-fischer.com

Nr. 10

Krippen, so weit das Auge reicht!

19

Maria und Josef im Stall in Bethlehem mit dem Jesuskind in der Krippe. So kennt man ihn, den Klassiker unter heimischen Weihnachtsbäumen. Wer ein bisschen Inspiration braucht oder einfach nur staunen will, ist beim Krippenweg in Neunkirchen am Sand genau richtig. Denn hier wird die Weihnachtsgeschichte besonders vielfältig dargestellt: Maria und Josef aus Holz, Ton oder Papier, in der Flasche oder ganz klassisch im Stall.

Beim Rundgang durch den Ortskern lassen sich viele liebe- und fantasievoll gestaltete Motive entdecken, von ganz detailverliebt bis hin zu schlicht und reduziert. In kleinen Holzhäuschen, am Bahnhof, im Seniorenheim, in der Sparkasse, am Rathaus, in der Kirche, in Gärten oder vor Haustüren können Krippen aus aller Welt bestaunt werden – sie stammen aus Brasilien, Indonesien, Kirgistan, Peru, Ungarn, dem alpenländischen und orientalischen Raum. Schaut man genau hin, fällt auf, dass auch die Heimat nicht vergessen wurde: So finden sich in einem Krippenbild die Bewohner von Neunkirchen am Sand wieder. Zu sehen sind zum Beispiel der Pfarrer oder der Bürgermeister.

Wer zusätzlich weihnachtliche Klänge braucht, um so richtig in Stimmung zu kommen, kann an einigen Stationen mit dem Smartphone via QR-Code zusätzlich Gedichte oder Lieder abrufen, die dann direkt auf dem eigenen Telefon abgespielt werden können. Bei den jüngeren Besuchern ist vor allem die »Sternen-Rallye« beliebt, bei der Kinder nach blauen Sternen in den Krippenbildern suchen müssen. So oder so: Gerade in den Abendstunden und zur Dämmerung ist der Spaziergang vorbei an den beleuchteten Krippen besonders stimmungsvoll. Da wird selbst der größte Weihnachts-Grinch zum Wiederholungstäter. Versprochen.

Michael

→ Der Neunkirchener Krippenweg ist in der Regel vom ersten Adventswochenende bis zum 6. Januar täglich geöffnet. Ziel für Navigationsgeräte: Bahnhofstraße 9, 91233 Neunkirchen, www.hgvn.de

Die Weihnachtsgeschichte lebendig gemacht: Der Neunkirchener Krippenweg lässt festliche Stimmung aufkommen.

20 Künstler und Publikum auf Augenhöhe

Künstler und Publikum sitzen beinahe wie in einem gemütlichen Wohnzimmer beisammen und können sich, nur eine Armlänge entfernt, in die Augen schauen. Wo gibt es das noch? Das Dehnberger Hof Theater ist ein solcher Wohlfühlort gleichermaßen für diejenigen, die auf der Bühne stehen, und diejenigen, die zuschauen. Die engagierten Theatermacher um Intendant Ralf Weiß haben im idyllischen Dehnberg, einem kleinen, etwas abgeschiedenen Ortsteil von Lauf an der Pegnitz, eines der kleinsten und eines der schönsten, nein, das schönste Theater Deutschlands geschaffen.

Die lauschige Bühne ist der Gegenentwurf zu den großen Stadthallen, wo die Künstler unerreichbar entfernt agieren und das Publikum in einem schwarzen Loch verschwindet. Im behutsam umgebauten, mehr als 100 Jahre alten Hopfengehöft mit liebevoll restaurierten Sandsteingebäuden ist alles anders. Hier stehlen sich die »Stars« nicht nach der Vorstellung still und heimlich durch den Hinterausgang davon, sondern kommen am Ende eines kurzweiligen und wunderbaren Auftritts noch mit dem Publikum im Foyer zusammen, um sich am Kachelofen über dies und jenes zu unterhalten.

Kein Wunder, dass das 1976 von Wolfgang Riedelbauch gegründete Theater längst zu den festen Größen der kleinen Theater in Bayern gehört. Chet Baker, weltberühmte Jazz-Legende, Liedermacher Konstantin Wecker, Luise Kinseher, die vielfach preisgekrönte Kabarettistin und Nockherberg-Bavaria, und »Tatort«-Star Miroslav Nemec – sie alle waren bereits hier. Und genauso wie das Publikum kommen auch die Künstler immer wieder gerne. Sie alle schätzen die besondere Atmosphäre des Dehnberger Hof Theaters, die es so wohl kein zweites Mal gibt.

Michael

→ Alle Infos zu Spielplan und Kartenbestellung gibt es hier: Dehnberger Hof Theater, Dehnberg 14, 91207 Lauf, www.dehnbergerhoftheater.de.

Großes Theater im kleinen Dorf: das Dehnberger Hof Theater, ein Wohlfühlort für Künstler und Publikum

21 Über den Dächern von Lauf

Nur 132 mittelalterliche Stufen trennen Sie von einer sagenhaften Aussicht über die Dächer von Lauf an der Pegnitz und das Umland der mittelfränkischen Stadt vor den Toren von Nürnberg. Wer den Turm der Johanniskirche erklimmt, darf sich wie der Türmer fühlen, der hier hoch oben mit seiner Familie wohnte und bis 1931 seinen Dienst versah.

Fest im Blick hatte er dabei sicherlich auch die Kaiserburg bzw. das Wenzelschloss. »Ja, was denn nun«, möchte man fragen. Gemeint ist schließlich ein und dasselbe: die stattliche Burg, die umschlossen von der Pegnitz auf einer kleinen Insel liegt, nur einen Steinwurf vom Marktplatz entfernt. Könnte sie doch nur selbst reden, denn für sie wäre es ein Leichtes, in bestem Fränkisch zu erklären, wie sie zu gleich zwei Namen kam.

»Dem Wenzel sei Schloss« – im fränkischen Genitiv liegt des Rätsels Lösung. Denn das altehrwürdige Gemäuer auf der schönen Pegnitzinsel geht zurück auf Kaiser Karl IV., der sie in seiner Eigenschaft als König von Böhmen zwischen 1356 und 1360 errichten ließ. Und Karl IV. war auf den Namen des böhmischen Nationalheiligen Wenzel getauft.

Auch der Moritzberg, der Hausberg Nürnbergs, lässt sich vom Wahrzeichen Laufs aus hervorragend betrachten. Stünde man wiederum auf diesem, könnte man ebenfalls einen fantastischen Blick genießen, nämlich den über Nürnberg. Anders als auf dem Johannisturm erwarten den Erklimmer auf dem Moritzberg allerdings Speis und Trank als Stärkung. Der urig-fränkische Berggasthof mit seinem schönen Biergarten lädt dort zum Verweilen ein.

Doch keine Angst, auch auf dem Laufer Marktplatz am Fuße des Johannisturms ist noch niemand verhungert und verdurstet. Dort warten zahlreiche Cafés, Restaurants, Kneipen und fränkische Traditionsgaststätten auf Gäste, tagsüber und auch zu späterer Stunde. Statt der üblichen Gastronomieketten mit »08/15«-Gerichten und Karten, die sich überall gleich lesen, gibt es hier noch Originale und lokale Lokale.

Michael

Burg und Berg im Blick: Vom Turm der Johanniskirche kann man Lauf von oben genießen und über das Wenzelschloss bis zum Moritzberg schauen.

→ Der Turm der Johanniskirche (Kirchenplatz 11) mit seiner Türmerwohnung kann von Mai bis Oktober besichtigt werden.

→ Das Wenzelschloss (Schlossinsel 1, 91207 Lauf an der Pegnitz) kann im Rahmen einer Stadtführung mit den Laufer Stadtführern (www.stadtfuehrer-lauf.de) und mit den Altstadtfreunden Lauf (www.altstadtfreunde-lauf.de) besucht werden. Ungeführte Burgbesuche sind ebenfalls möglich.

→ Den *Berggasthof Moritzberg* finden Sie hier: *Berggasthof Moritzberg*, Moritzberg 1, 90552 Röthenbach, www.berggasthof-moritzberg.de.

K&S
ASC RINGEN
30 JAHRE 
MAUERFALL
KOLPING

Dahlien über Dahlien: das Blumenfest

22

Wenn in Röthenbach an der Pegnitz nur noch die Rede ist von »Petras Wedding«, »Arabian Night«, »Franz Kafka« oder »Stolze von Berlin«, dann ist das ein untrügliches Zeichen: Es ist wieder so weit, das Blumenfest steht vor der Tür. Immer am letzten Augustsonntag feiern die Röthenbacher ihr Fest der 500.000 Dahlien. Bereits seit 1929 gibt es dieses besondere Highlight, das über die fränkischen Grenzen hinaus bekannt ist, in der »Stadt der kurzen Wege« vor den Toren von Nürnberg. Der bunte Korso aus vielfältig geschmückten Festwagen, Musik- und Marschgruppen lockt jedes Jahr zahlreiche Menschen an den Straßenrand.

Während das vom Kleingartenverein Flora ins Leben gerufene Blumenfest in seinen Anfängen noch sehr bescheiden als Erntedankzug daherkam, ist es heute ein Heimatfest, das 2007 sogar live im Bayerischen Rundfunk übertragen und 2019 vom bayerischen Ministerpräsidenten Markus Söder beehrt wurde. Die Meinungsverschiedenheiten darüber, mit welchem der Ereignisse das Blumenfest seinen Zenit erreicht hat, halten an.

Einigkeit herrscht aber darüber, dass es für das Engagement und den Enthusiasmus, mit dem die Röthenbacher jedes Jahr ihr Blumenfest vorbereiten, nur ein Prädikat geben kann: beeindruckend. Die Motivwagen bauen und mit Dahlien bekleben – das übernehmen Jahr für Jahr viele fleißige Hände der örtlichen Vereine.

Michael

→ Das Blumenfest findet jedes Jahr am letzten Sonntag im August statt und Röthenbach feiert seine Kirchweih am Blumenfestwochenende immer gleich mit (www.roethenbach.de/blumenfest).

Dahlien, nichts als Dahlien: Ein Besuch des Blumenfests in Röthenbach lohnt sich nicht nur wegen der hübschen Blüten.

23 Ausstellungen in luftiger Höhe

Zur vollen Stunde lassen die vier Kirchenglocken den Boden erzittern und erzeugen ein wahrliches Klangerdbeben. Für einen Kirchturm erst mal nichts Besonderes. Doch der Turm der katholischen St. Bonifatiuskirche in Röthenbach an der Pegnitz dient nicht nur dazu, durch das Geläut seiner vier Bronzeglocken auf Gottesdienste aufmerksam zu machen. Hier, in luftiger Höhe mitten im Nürnberger Land, wird der Dialog zwischen Kunst und Kirche gepflegt. Regelmäßig verwandelt sich der karge vierstöckige Bau aus den 1950er-Jahren in eine Kunstgalerie. Pfarrer Wolfgang Angerer hat dort ein Unikat geschaffen.

Gearbeitet wird fast ausschließlich mit Tageslicht, das von verschiedenen Seiten zu unterschiedlichen Zeiten, bei unterschiedlichem Wetter, aus den unterschiedlichsten Himmelsrichtungen und Blickhöhen in die Turmkammern fällt. Jede Tageszeit hat so ihre ganz eigene Stimmung. Die im Betonboden erstarrten Stiefelabdrücke der Bauarbeiter, das nicht ganz ausgeglichene Niveau, das Raue und das Glatte, Staub und Kalkflecken haben ihre Spuren hinterlassen. Die Besonderheiten der Galerie im Bonifatiusturm machen sich auch die Künstler zunutze.

Die schroffen Holzskulpturen des Bildhauers Andreas Kuhnlein, die geheimnisvollen Bildwelten des Malers Thomas Nolden, die Pastelle und abstrakten Gemälde des New Yorker Künstlers Peter Flynn, die Netzinstallationen von Mathias Wolf oder die Werke des Kunstlehrers, Grafikers und Malers Hans Loew, der Picasso, Matisse und Braque in deren Ateliers persönlich kennenlernen konnte: Sie alle haben Bleibendes hinterlassen in dieser zeitgenössischen Galerie, die ihresgleichen sucht.

Michael

→ Galerie im Bonifatiusturm, Alter Kirchenweg 7, 90552 Röthenbach, www.pfarrei-roethenbach.de

Mehr als ein Kirchturm: Kunstausstellungen im Bonifatiusturm

In der Löwengrube

24

Studenten machen Ärger. Gelegentlich. So war es in Bayreuth, weshalb der Markgraf seine Universität nach Erlangen verlegte. Auch die Nürnberger befürchteten nächtlichen Übermut und entschieden sich dafür, gleich eine Campus-Uni zu gründen, weit vor den Stadtmauern in Altdorf. Doch auch die Altdorfer waren nicht immer glücklich mit dem bierselig-übermütigen Treiben, weshalb sie ihren Studenten eine Partylocation im Grünen zuwiesen. Und was für eine! In einem idyllischen Tal, einem der schönsten im östlichen Franken, hatte man aus den Felsen eine Höhle herausgeschlagen (Baumaterial für die Gebäude der Universität), das perfekte Gartenhaus – so verwässerte es den Herren Studenten auch bei Regenwetter das Bier nicht. Über das Tor ritzten sie einen Spruch hinein: »Wer nicht geweiht ist unserem Leben, der soll die Höhle nie betreten.« Auch Wallenstein, der alte Haudegen, wird in der Löwengrube als Student kräftig gezecht haben. Später schlug man sogar eine Kegelbahn in den Felsen, in Form einer hübsche Felsengalerie. Die Studenten jedoch kamen nicht mehr zum Bowlen – als Franken auf Napoleons Befehl an Bayern fiel, machten die Bajuwaren die Uni Altdorf dicht. Und zugleich die Uni Bamberg. Zu schlau sollten die Franken nicht werden!

Johannes

→ Die Löwengrube liegt am Wallenstein-Wanderweg, der zu weiteren wildromantischen Orten lockt. Ein Picknick in der Höhle ist besonders für Kinder eine spannende Sache, in der Felsengalerie kegeln kann man allerdings nur noch mit Mühe. Anfahrt mit der S-Bahn, Start am historischen Rathaus in Altdorf, schöner Flyer zum Herunterladen: www.altdorf.de.

25 »Ja-Wort« zwischen Tomaten, Gurken und Salat

Sich einander das »Ja-Wort« zu geben ist – zumindest, wenn man die Scheidungsraten außer Acht lässt – ein einmaliges Erlebnis. Wo könnte man einen solchen Moment besser feiern als an einem einmaligen Ort. Gesagt, getan: im Knoblauchsland zwischen Kartoffeln, Spargel, Gurken und Tomaten. In der Mitte des Städte-Dreiecks Nürnberg-Fürth-Erlangen gelegen, ist es eines der größten zusammenhängenden Gemüseanbaugebiete in Deutschland. Auf circa 1500 Hektar wird hier angebaut, was das Herz begehrt (neuerdings sogar Ingwer) – im Freiland und natürlich auch im typischen Gewächshaus. Letzteres ist zugleich der perfekte Ort, um sich im Mekka des mittelfränkischen Gemüseanbaus zu trauen. Denn wo, wenn nicht an dem Ort, wo Tomaten und Co. emporranken, ist es passender, darauf anzustoßen, dass zwei Menschen zu einer Familie zusammenwachsen?

Michael

→ Seinen Namen hat das Knoblauchsland dem einst vorwiegenden Anbau von Zwiebeln zu verdanken. Die Erschließung des Landstriches vor den Toren der Städte Nürnberg und Fürth reicht bis ins 8. Jahrhundert zurück. Im »Gwächshaus« im Herzen des Knoblauchslandes kann man das ganze Jahr über mit Blick auf die Felder dort heiraten, feiern und Co., wo heute vorwiegend Kartoffeln, Kohl, Sellerie, Kohlrabi, Lauch, Radieschen, Rettich, Spargel, Zwiebeln, Karotten, Zucchini, viele Salatsorten sowie Gurken und Tomaten angebaut werden.

→ Gwächshaus Jäger, Schleswiger Straße 100, 90427 Nürnberg, www.gwaechshaus.de

Hier wachsen nicht nur Tomaten prächtig: Im Knoblauchsland kann man sich das »Ja-Wort« geben.

26 Ein Friedhof, der keiner ist

Kennen Sie den Parc de Laberint von Barcelona? Oder die Rousseau-Inseln? Oder den Irrhain bei Kraftshof? Diese Orte haben etwas gemeinsam, sie besitzen einen Scheinfriedhof. Ein Scheinfriedhof sieht aus wie ein echter Friedhof, mit Grabstätten, Kreuzen und behauenen Steinen, der einzige Unterschied ist, dass auf einem Scheinfriedhof kein einziger Toter ruht. Wer nur auf eine solch verrückte Idee kommen konnte, fragen Sie? Die Dichter natürlich! Im Jahr 1644, gegen Ende des Dreißigjährigen Krieges, kam es auf einer Patrizierhochzeit zu einem Dichterwettstreit. Georg Philipp Harsdörffer und der angehende Priester Johann Klaj hatten ihre Festgedichte vorgetragen, jeder aber wollte dem anderen den Preis, den Blumenkranz, zuerkennen. Schließlich zog jeder eine Blume heraus, das war die Geburtsstunde des Pegnesischen Blumenordens, der ältesten, noch bestehenden Sprachgesellschaft der Welt. Herkunft und Besitz sollten keine Rolle spielen, weshalb man sich mit Blumennamen ansprach, jeder konnte mitdichten, auch die Frauen, revolutionär in der damaligen Zeit. Zunächst trafen sich die Pegnitzschäfer am Ufer der Pegnitz (daher Pegnesischer Blumenorden), im Poetenwäldchen an der Weidenmühle. 1676 zog man auf Vorschlag des Ordensoberhaupts Sigmund von Birken in einen verwilderten Eichenhain in der Nähe von Kraftshof im heutigen Knoblauchsland und legte einen Irrhain an, ein Symbol für die Welt mit all ihren Irrtümern. Das ursprüngliche Labyrinth ist nicht mehr erhalten, wohl aber der Scheinfriedhof, der an die Vergänglichkeit des irdischen Lebens erinnern soll, nicht, um in Trauer zu versinken, sondern um die Gegenwart umso höher zu schätzen. Auf den Irrhainfesten ging es lustig zu, es wurde gesungen, getrunken und getanzt. Leider musste die schöne Tradition aufgegeben werden, die majestätisch alten Bäume sind nicht mehr sturmsicher, der seltene Eremit-Käfer hat sich zudem in den Mulmhöhlen eingenistet, sodass keine Äste gekappt werden dürfen. Vielleicht zu Recht. Auf einem Scheinfriedhof soll schließlich niemand bestattet werden.

Johannes

Zugang zum bezaubernden Irrhain in Kraftshof

→ Parkmöglichkeiten am Ortsausgang von Kraftshof. Unbedingt sehenswert auch die Pfarrkirche St. Georg von Kraftshof, eine stolze und sehr malerische Kirchenburg, und das Patrizierschloss Neunhof mit hübscher barocker Parkanlage. Einkehrmöglichkeiten vor Ort.

Wo Abschiedsschmerz auf Wiedersehensglück trifft

27

»NUE«. Hinter diesen drei Buchstaben steht ein Ort, der wie kaum ein anderer in Franken für menschliche Sehnsüchte und Emotionen steht. »NUE« – das steht für den Albrecht Dürer Airport Nürnberg. »NUE« – das steht für »Willkommen«, »Ade«, »Auf Wiedersehen« und manchmal auch für »Lebe wohl«. Abschiedsschmerz und Wiedersehensglück liegen eng beieinander am fränkischen Tor zur Welt. Menschen verabschieden sich, liegen einander in den Armen, starten und landen, kommen und gehen. Es sind Momente der Vorfreude, wie die auf den ersten gemeinsamen Urlaub, die hierher gehören, genauso aber auch der schmerzliche Abschied an der Sicherheitskontrolle ins Ungewisse, wenn das Flugziel kein Urlaubsparadies, sondern eines der Krisengebiete dieser Erde ist. Der Moment, zum ersten Mal von der kleinen Tochter in der Ankunftshalle empfangen zu werden, ist dagegen ein Schatz, der nicht mit Geld zu bezahlen ist. All diese Gedanken und Erinnerungen kommen in den Sinn beim Beobachten der Flugzeuge, die in den Abendhimmel steigen oder wie aus dem Nichts kommend zur Landung ansetzen. An Bord Menschen mit Sorgen, Träumen und Hoffnungen. Es steckt so viel hinter »NUE«.

Michael

→ Der »Albrecht Dürer« Airport Nürnberg (Flughafencode NUE) ist der zweitgrößte Flughafen in Bayern. Auf dem Flughafengelände und in der näheren Umgebung des Airports gibt es einige Aussichtspunkte, die zum Beobachten von Flugzeugen einladen. Besonders schön: die Buchenbühler Höhe an der Rathsbergstraße. Hier lässt sich auf Sitzbänken und an einem Tisch gemütlich ein Picknick machen und gleichzeitig die Start-/Landebahn beobachten.

→ Albrecht Dürer Airport Nürnberg, Flughafenstraße 100, 90411 Nürnberg, www.airport-nuernberg.de/aussichtspunkte

28 Nürnberg hat den Längsten

München hat das größere Volksfest, die bessere Fußballmannschaft und mehr Luxusautos pro Quadratmeter als Franken. Aber in einer Sache sind wir den Bayern aus der Landeshauptstadt überlegen. Genauer gesagt um 1,52 Meter. Denn mit seinen 292,80 Metern überragt der Nürnberger Fernsehturm den Münchner um gut eineinhalb Meter. Damit steht das höchste Bauwerk Bayerns in Mittelfranken. Auch im nationalen Vergleich braucht er sich nicht zu verstecken. Das »Nürnberger Ei« ist der dritthöchste Fernsehturm in Deutschland, nach dem Berliner und dem Frankfurter.

Seinen Kosenamen hat der am 8. August 1980 nach gut dreijähriger Bauzeit fertiggestellte Turm übrigens wegen seines eiförmigen Turmkorbes. Der Architekt Erwin Heinle orientierte sich bei dessen Gestaltung an der Form der frühen Nürnberger Taschenuhren. Betrieben wurde von Beginn an ein Drehrestaurant, in dem man am Tisch sitzend bei einem himmlischen Menü mit einem 360°-Rundblick über Nürnberg beglückt wurde, nebst Aussichtsplattform im unteren Bereich des Turmkorbs.

Doch die Erinnerungen daran sind längst verblasst, ein letzter Besuch an diesem wahrhaft magischen Ort liegt in den Kindertagen. Denn seit 1991 ist der Turm für Besucher geschlossen. Der Unterhalt war zu teuer. Inzwischen sind nicht nur die Fix-, sondern auch die Sanierungskosten hoch, die einen Betrieb als Gaststätte, Café oder Bar in weite Ferne rücken lassen. Ein Knackpunkt: die monatlichen Wartungskosten des Aufzugs.

Und so bleibt erst mal nur die Erinnerung an den traumhaften Blick über ganz Nürnberg. Doch ein Fünkchen Hoffnung glimmt immer wieder auf. Wie wäre es, den Fernsehturm unter Denkmalschutz zu stellen, um sein Ei wieder zum Leben zu erwecken? Überlegungen gibt es. Wann fällt endlich der Startschuss für eine neue Nutzung des beliebten Nürnberger Wahrzeichens? Er ist und bleibt ein Sehnsuchtsort.

Michael

Ragt heraus: das »Nürnberger Ei«, dritthöchster Fernsehturm Deutschlands

»Weißt du, wie viel Sternlein stehen?«

Der Sternenhimmel ist voller Abenteuer. Es lohnt sich deshalb, öfter mal nach oben zu gucken, besonders in klaren Nächten. Belohnt wird man mit sehenswerten Himmelsobjekten, wunderbaren Konstellationen und kosmischen Kostbarkeiten. Vor allem, wenn man den Blick in die Sterne im Rahmen einer Himmelsführung wagt. Spannend, begeisternd, laienverständlich, kurzweilig und auf lockere Art und Weise. So wie in der Regiomontanus-Sternwarte in Nürnberg hat Ihnen garantiert noch niemand das Weltall und die Sterne erklärt. Sie befindet sich auf der zweithöchsten Erhebung des Stadtgebiets, dem Rechenberg, und lädt auch Laien ein, einen genauen Blick in den Himmel zu werfen. Dazu stehen allerlei Gerätschaften zur Verfügung: museale Stücke, wie über 100 Jahre alte Linsenteleskope, oder moderne Spiegelteleskope. Wie man sich am Himmel zurechtfindet und welche »himmlischen Perlen« es zu sehen gibt, wo unsere Heimat innerhalb unserer Milchstraße genau liegt und wie unser Sonnensystem überhaupt entstanden ist – auf all diese Fragen werden Sie garantiert Antworten bekommen.

Michael

→ Die Himmelsführungen auf der Regiomontanus-Sternwarte in Nürnberg finden an jedem Freitag- und Samstagabend nur bei sternklarem Himmel statt. Auch darüber hinaus bietet die Nürnberger Astronomische Arbeitsgemeinschaft (NAA) auf der Regiomontanus-Sternwarte der Öffentlichkeit in ehrenamtlicher Tätigkeit ein weit gefächertes und attraktives Programm an. Die Sonnenführungen, die zweimal im Monat (immer am ersten und dritten Samstag um 14 Uhr) stattfinden, ermöglichen einen ungefährlichen direkten Blick mit dem Teleskop auf unseren Stern, die Sonne.

→ Regiomontanus-Sternwarte Nürnberg, Regiomontanusweg 1, 90491 Nürnberg, www.sternwarte-nuernberg.de

Sterne gucken: ein Blick in den Abendhimmel von der Regiomontanus-Sternwarte in Nürnberg

30 Der regierende Geist der Dampfmaschine

Kann man sich das vorstellen? Dass zur Beerdigung eines Lokführers Tausende von Menschen zusammenströmen, um tief bewegt und voller Trauer Abschied zu nehmen? So geschehen im April 1862 auf dem Nürnberger Johannisfriedhof, beim Trauerzug für William Wilson. Als der gebürtige Engländer 1835 nach Nürnberg kam, war noch nicht absehbar, dass er an der Pegnitz heimisch werden würde. Sein Arbeitsvertrag war auf wenige Monate befristet, er beinhaltete den Aufbau der in Teile angelieferten englischen Dampflok und ihre Inbetriebnahme auf der frisch verlegten Trasse zwischen Nürnberg und Fürth. Als am 7. Dezember die erste deutsche Personenbahnstrecke eröffnet wurde, jubelte man nicht nur dem Adler zu, dem stolzen Dampfross, der Jubel galt auch und in besonderer Weise dem Lokomotivführer, galt William Wilson, der aufrecht und in korrekter Haltung auf dem offenen Führerstand den Zug nach Fürth dampfen ließ. Auch die Presse war begeistert und beschreibt Wilsons Tätigkeit wie die eines Theaterschauspielers:

»Jedes körperliche Geschick, welches gleichwohl nicht fehlen darf, tritt bei ihm in den Hintergrund in den Dienst der verständigen Beachtung auch des Kleinsten, als eines für das Ganze wichtigen. Jede Schaufel Steinkohlen, die er nachlegt, brachte er mit Erwägung des rechten Maßes, des rechten Zeitpunktes, der gehörigen Verteilung auf den Herd. Keinen Augenblick müßig, auf alles achtend, die Minute berechnend, da er den Wagen in Bewegung zu setzen habe, erscheint er als der regierende Geist der Maschine und der in ihr zu ungeheurer Kraftentfaltung vereinigten Elemente.«

So der Korrespondent des Stuttgarter Morgenblattes. Andere hingegen betrachteten die stampfende Lok mit Skepsis. Hatten Ärzte nicht gewarnt? Weiß man denn, was die ungeheure Geschwindigkeit von bis zu 28 km/h mit dem menschlichen Körper anrichtet?

In Nürnberg erinnern eine Straße an William Wilson (passenderweise in Gleisnähe) und das Grab auf dem Johannisfriedhof. Nicht nur Dürers und Veit Stoß', auch des ersten deutschen Lokomotivführers wird auf dem vielleicht schönsten aller Friedhöfe würdevoll gedacht. Das Einzige, was man bemängeln kann: Anders als bei anderen Gräbern hat man den Beruf Wilsons nicht auf einem Epitaph nachgebildet. Eine dampfende Lokomotive als Grabschmuck, das wäre was gewesen! Aber seien wir nicht ungerecht: Kann man nicht in der Anordnung mancher Hochgräber mit etwas Fantasie einen Zug erkennen?

Johannes

→ Johannisfriedhof April bis September 7 bis 19 Uhr, Oktober bis März 8 bis 17 Uhr, 6. Dezember bis 6. Januar nur bis 16 Uhr. Gut mit der Straßenbahn erreichbar: Tram 6 bis St. Johannisfriedhof (www.st-johannisfriedhof-nuernberg.de). Persönlicher Tipp: zur Pfingstzeit kommen! Dann blühen die alten Rosenstöcke am schönsten.

Der schönste Blick über Nürnberg

31

Sage einer, der Franke sei nicht präzise! Nicht 20 Meter oder 15 Meter, nein, exakte 18 Meter muss man gehen, um den schönsten Blick über Nürnberg zu genießen. Dass diesen versteckten Platz kaum ein Tourist findet, liegt an einer weiteren Eigentümlichkeit der fränkischen Seele: Nicht alle Geheimnisse verraten! Um den schönsten Blick zu genießen, muss man den Weg hinauf zur nordwestlichen Stadtmauer finden, hin zum Bürgermeistergarten. Die unscheinbare Tür befindet sich im Neutor, und zwar zwischen dem inneren und dem äußeren Durchlass. Kein Hinweis ist zu entdecken, nur eine unscheinbare Tafel, die über die Öffnungszeiten informiert. Ist man oben angelangt und hat endlich die Stelle gefunden, von der man den schönsten Blick genießt, steht man direkt oberhalb des Dürerhauses, hoch über dem Platz vor dem Tiergärtnertor, einem Lieblingsaufenthaltsort nicht nur der Jugend, die es sich rund um die moderne Interpretation von Dürers Hasen gemütlich macht. Der Blick lohnt zweifelsohne – ob es jedoch tatsächlich der schönste über Nürnberg ist? Viele würden sicher den Blick von der Burg nennen, andere das Stadt- und Turmpanorama vom Spittlertorgraben Richtung Kaiserburg und Sebalder Altstadt. Insider empfehlen, mit dem Aufzug auf die Dachterrasse des denkmalgeschützten Hochhauses am Plärrer zu fahren. Die Fürther aber lachen nur über all diese Vorschläge. Den schönsten Blick über Nürnberg? Den hat man natürlich vom Geschlechterturm des Fürther Rathauses!

Johannes

→ Der Bürgermeistergarten mit dem schönsten Blick ist üblicherweise von 8 bis 20 Uhr (April bis Oktober) zugänglich. Es gibt auch einen Zugang vom Burggarten.

32 Was Till Eulenspiegel in Nürnberg anstellte

Um diese Geschichte zu hören, begeben Sie sich am besten auf die Bank am Wasser. Die kleine Pegnitzinsel mitten in Nürnberg gehört zum Heilig-Geist-Spital, man muss ein wenig suchen, bis man sie gefunden hat, dann aber genießt man nicht nur die Stille, sondern zugleich einen der schönsten Blicke von Nürnberg. Auch Till Eulenspiegel, den listigen Narren, hat es ins Heilig-Geist-Spital verschlagen. Was er in Nürnberg erlebt hat, ist so wahr wie all seine anderen Abenteuer. Hören Sie zu.

Als Till Eulenspiegel nach Nürnberg kam, hängte er ein Plakat an eine Kirchentür: »Wunderdoktor in der Stadt!« Das las auch der Leiter des Heilig-Geist-Spitals und rieb sich die Hände, glaubte er doch, viel Geld sparen zu können, wenn er all seine Kranken und Siechen endlich entlassen konnte. So ließ er Till Eulenspiegel zu sich kommen, schnell war man sich handelseinig. 200 Taler sollte der Wunderdoktor bekommen, wenn es ihm gelänge, alle Kranken zu heilen. Darauf ließ Till Eulenspiegel alle Patienten in einem Raum zusammenkommen und schickte den Leiter des Spitals und alle Pfleger nach draußen, denn er benötige Ruhe und Konzentration bei seiner Arbeit. Kaum war er mit den Kranken allein, sprach er: »Ich habe gute Nachrichten für euch. Alle werdet ihr wieder gesunden, nur einer leider nicht. Der Allerkränkste nämlich muss sich opfern, aus ihm mache ich ein Pulver, das allen anderen zur Heilung dient. Wie aber erkenne ich den Kränksten? Ganz einfach, es ist derjenige, der diesen Raum als Letztes verlässt, wenn ich euch nun darum bitte, nach Hause zu laufen.«

Die Kranken bekamen große Augen. Hektisch griff sich jeder Stock oder Krücke und schleppte sich so schnell er konnte ins Freie, in Minutenschnelle war kein Kranker mehr da. Wie freute sich da der Spitalsleiter! Gerne gab er Till Eulenspiegel das Säckchen mit den Talern. Till machte, dass er wegkam. Wenige Tage später aber war das Spital wieder so voll wie zuvor. Als der Spitalleiter seine Kranken befragte und erfuhr, was sich zugetragen hatte, war Till Eulenspiegel schon über alle Berge.

Schuldlos ist Till Eulenspiegel daran, dass die kostbaren Reichsinsignien, die über Jahrhunderte in der Spitalskirche aufbewahrt worden waren – auf Kaiser Sigismunds Befehl für alle Ewigkeiten und unwiderruflich –, verschwunden sind. Die Heilige Lanze, die Krone, der Reichsapfel und all die anderen Kostbarkeiten, deren jährliche Präsentation auf dem nahen Hauptmarkt die Massen angezogen hatte, sind nach Wien gelangt, und die Österreicher geben sie nicht wieder her.

Johannes

→ Heilig-Geist-Spital, Vordere Insel Schütt 2a, 90403 Nürnberg. Der Innenbereich des Heilig-Geist-Spitals ist nur tagsüber bis 18 Uhr zugänglich. Schön sitzt man auch zu anderen Zeiten im gleichnamigen Restaurant über der Pegnitz (www.heilig-geist-spital.de).

33 Die älteste Bratwurstküche der Welt

Und es kommt doch auf die Größe an. Etwa acht Zentimeter lang, 20 bis 25 Gramm schwer und über Buchenholzscheiten gegrillt muss sie sein. Nur dann ist eine Bratwurst eine Original Nürnberger Rostbratwurst. Und: Sie muss von einem Metzger in der Pegnitzstadt hergestellt worden sein, um das Gütesiegel ihr Eigen nennen zu dürfen.

Um die Entstehung der Leichtgewichte unter den fränkischen Bratwürsten ranken sich zahlreiche Sagen und Legenden. Eine besagt, sie sei deshalb so klein, damit Gastwirte sie auch nach Sperrstunde durch die Schlüssellöcher ihrer Gasthäuser verkaufen konnten. Tatsächlich waren es aber wohl die gestiegenen Rohstoffkosten im 16. Jahrhundert, welche die Würste schrumpfen ließen.

Legende hin, Sage her: Der perfekte Ort, um die delikaten Würstchen aus Schweinefleisch, Salz, Pfeffer und Majoran zu

genießen, ist die historische Bratwurstküche *Zum Gulden Stern.* In der ältesten Bratwurstküche der Welt werden sie noch so zubereitet, wie es sich gehört: täglich frisch über offenem Feuer auf einem Buchenholz-Grill. Die Original Nürnberger Röstla® werden roh auf den Rost gelegt, was heute leider beileibe nicht mehr selbstverständlich ist. Meist kommen die Leckerbissen vorgebrüht auf den Grill und werden nur noch leicht angebräunt.

Ganz anders ist das in dem im Jahr 1380 erbauten historischen Wirtshaus in der Zirkelschmiedsgasse, das selbst eine Sehenswürdigkeit ist: Die historische Bratwurstküche gibt einen Einblick ins späte Mittelalter Albrecht Dürers, der sicherlich auch hier zu Gast gewesen ist. Vor über drei Jahrzehnten hatte der 2020 verstorbene *Gulden Stern*-Wirt Martin Hilleprandt das damals marode Fachwerkhaus gekauft. Doch die Nürnberger Bratwurst-Legende ließ das historische Gebäude zusammen mit den Altstadtfreunden Nürnberg liebevoll restaurieren und rettete damit das älteste Wirtshaus der Stadt.

Wer echte Nürnberger Bratwurstkultur erleben möchte, dem sei ein Besuch im von Tochter Sofia und Sohn Martin weitergeführten Familienbetrieb ans Herz gelegt. Auch wenn man in Eile ist. Denn die »Brodwärschd« gibt es im praktischen Trio als fränkisches Fastfood – umweltfreundlich und nachhaltig im »Weggla« verpackt – natürlich auch auf die Hand für den kleinen Hunger unterwegs.

Michael

→ Die historische Bratwurstküche *Zum Gulden Stern* liegt im Viertel um die St. Jakobskirche, einem der ältesten Siedlungskerne Nürnbergs. Serviert werden die Original Nürnberger Röstla® (eine 2013 von Martin Hilleprandt eingeführte und geschützte Marke) auf traditionellen Zinntellern. Historische Bratwurstküche *Zum Gulden Stern*, Zirkelschmiedsgasse 26, 90402 Nürnberg, www.bratwurtskueche.de.

→ Standesgemäß auf Buchenholzfeuer gegrillt werden die Original Nürnberger Rostbratwürste auch im *Bratwursthäusle*. Direkt an der Sebalduskirche und gegenüber dem Rathaus gelegen, ist es die perfekte Proviantstation für alle, die sich vom Hauptmarkt zu einer Burgbesteigung aufmachen.

34 »Hosd an Zwetschga im Haus, gäid dir es Geld und Gligg ned aus«

Zwetschgen, Feigen, Walnüsse und Accessoires: Fertig ist eine der Hauptsehenswürdigkeiten auf dem Nürnberger Christkindlesmarkt. Sie besitzen ein Alleinstellungsmerkmal in der durchkommerzialisierten Weihnachtserlebniswelt: Zwetschgenmännla. Familie Schrödel fertigt sie bereits in der vierten Generation in liebevoller Handarbeit. Der weltbekannte Weihnachtsmarkt ohne die Figuren aus Dörrobst aus dem Hause Schrödel – unvorstellbar. Die Leidenschaft für die Pflaumenfiguren besteht in Susanne Schrödels Familie schon seit 1900.

Im Januar, kaum hat der Christkindlesmarkt seine Pforten geschlossen, beginnen bereits die Vorbereitungen für den nächsten Winter. Auf die Walnüsse, die später als Kopf dienen, müssen die Gesichter aufgemalt, diverse Jacken, Röcke und Umhänge genäht werden. Nur die Zwetschgen, Feigen, Walnüsse und Accessoires werden zugekauft – der Rest ist Handarbeit. Und weil aufwendigere Exemplare dem klassischen, nackten und lediglich mit Spitzhut bekleideten Zwetschgenmännla inzwischen den Rang abgelaufen haben, müssen sich auch die Schrödels von Jahr zu Jahr mehr beeilen, um pünktlich zum Prolog des Nürnberger Christkindes fertig zu sein.

Seit die beiden Töchter und die Schwiegersohne mithelfen, entsteht eine neue Generation von Zwetschgenmännla. Neben den traditionellen Figuren, gekleidet in fränkischer Tracht, gibt es welche mit Skateboard oder solche, die in der Badewanne sitzen und Champagner trinken. Der Fantasie sind keine Grenzen gesetzt. Mehr als 100 verschiedene Figurentypen gibt es mittlerweile. Von Zwetschgenmännla am Bügelbrett, beim Schachspiel bis zu dem auf einer Harley Davidson ist alles dabei.

Waren es um das Jahr 2000 noch 13 Stände mit Zwetschgenmännla auf dem Nürnberger Christkindlesmarkt, sind es inzwischen gerade mal noch eine Handvoll. Die Tradition lebt von denen, die die Zwetschgenmännla lieben und schätzen. Viele der Kunden – von jung bis alt, vom Einheimischen bis zum Touristen – sind Liebhaber und kaufen jedes Jahr eine neue Figur hinzu. Bei manch einem muss da inzwischen schon eine immense Sammlung zusammengekommen sein. Denn Zwetschgenmännla können gut und gerne 40 Jahre alt werden. Gelegentliches Abstauben genügt. Eine Pflege, die sich lohnt, glaubt man folgendem Spruch: »Hosd an Zwetschga im Haus, gäid dir es Geld und Gligg ned aus.«

Michael

→ Das Zwetschgenmännla soll, das wird gerne erzählt in Franken, im 18. Jahrhundert von einem Nürnberger Drahtzieher erfunden worden sein, der Kindern eine Freude machen wollte, aber nichts hatte außer Draht und einen Zwetschgenbaum vor dem Haus – also bastelte er Männchen daraus. Wer nicht bis Weihnachten warten möchte, kann die Original Nürnberger Zwetschgenmännla auch online bestellen: www.zwetschgenmaennla.com.

Der frühe Vogel hat mehr vom Zoo

35

Ein Besuch im Tiergarten Nürnberg ist immer wieder ein Erlebnis. Besonders lohnt es sich, schon frühmorgens aufzubrechen und als einer der ersten Gäste direkt nach dem Öffnen um 8 Uhr einen Streifzug durch den weitläufigen Landschaftszoo am Schmausenbuck zu machen. So kann man problemlos dem größten Besucheransturm aus dem Weg gehen. Belohnt wird man mit viel Platz, um ganz in Ruhe und ausgiebig Pinguine, Eisbären, Paviane, Erdmännchen und Co. aus nächster Nähe betrachten zu können. Das Gefühl, fast allein in der weitläufigen Waldparkanlage unterwegs zu sein, in der Delfinlagune zu sitzen oder eine »Privatfahrt« mit dem »Kleinen Adler« vom Bahnhof an der Giraffenanlage im Eingangsbereich bis zum Kinderzoo im südlichen Teil des Tiergartens zu erleben, ist unbeschreiblich für Groß und Klein. Wecker stellen lohnt sich, denn der frühe Vogel hat eben mehr vom Zoo.

Michael

→ Noch ein besonderer Tipp für alle Frühaufsteher: An jedem dritten Samstag im Monat bietet der Tiergarten Nürnberg von Juli bis September Morgenführungen an. Gemeinsam mit einem Zoobegleiter begibt man sich auf einen spannenden Rundgang durch die faszinierende Kulisse des morgendlichen Tiergartens.

→ Tiergarten Nürnberg, Am Tiergarten 30, 90480 Nürnberg, www.tiergarten.nuernberg.de

36 Tränen, Freude, Frust und noch viel mehr

Block 6, Reihe 10, Sitz 37: Willkommen an DEM Ort der Emotionen schlechthin. Wer Achterbahnfahrten der Gefühle liebt, der sollte sich unbedingt eine Dauerkarte im Max Morlock Stadion zulegen. Hier ist der 1. FC Nürnberg zu Hause. Der Fußballverein, der in der Saison 1968/69 die »Sensation« schaffte, als amtierender Deutscher Meister abzusteigen, nach einem 2:0-Sieg über den Erzrivalen Bayern München seinen Trainer zu entlassen oder sich im Juli 2020 erst in letzter Sekunde vor dem Absturz in die Drittklassigkeit retten konnte.

Doch gerade wegen all dieser dramatischen Geschichten liebt man seinen »Glubb«. Er bietet alles außer Langeweile, lässt einen Aufstiege bejubeln, Abstiege beweinen, besondere Siege feiern oder magische Momente erleben, wie den Abschied von Marek Mintal am 8. Mai 2011. Als die Club-Legende zum letzten Mal in einem Heimspiel für die Profis des 1. FCN auflief, hatten selbst hartgesottene Clubberer Tränen in den Augen. Inbrünstig sang Marek Mintal, Spitzname »Phantom«, gemeinsam mit tausenden Fans in der Nordkurve die FCN-Hymne »Die Legende lebt«. Gänsehaut pur.

Ähnliche Gefühle gab es auch einige Jahre zuvor in der magischen Nacht des 17. April 2007. Auch dieses Datum wird in Nürnberg niemand vergessen. Mit einem 4:0 in seinem Wohnzimmer schickte der Club Eintracht Frankfurt im Pokal-Halbfinale nach Hause und legte damit den Grundstein für den späteren Gewinn des DFB-Pokals in Berlin. In Erinnerung bleiben Lichteffekte, Standing-Ovations und »Oh, wie ist das schön«-Gesänge und begeisterter Jubel. »Berlin, Berlin, wir fahren nach Berlin!«

Der Club wäre freilich nicht der Club, wenn er nicht in der darauffolgenden Saison als stolzer DFB-Pokalsieger abgestiegen wäre, mit einer 0:2-Niederlage am letzten Spieltag zu Hause gegen den FC Schalke 04. Ausgerechnet Schalke, gerade der Verein, mit dem der Club durch eine Fanfreundschaft verbunden ist. Der Glubb ohne Drama wäre nicht der Glubb. Trotzdem, nein gerade deshalb gilt: »Ich bereue diese Liebe nicht«, den Stammplatz im Max Morlock Stadion übrigens auch in anderer Hinsicht nicht. Denn das Achteck bietet viele besondere Momente: Wenn Udo Lindenberg rockt oder beim jährlichen Adventssingen 20.000 Kehlen »Stille Nacht« schmettern, oder, oder, oder …

Michael

→ Einen Blick hinter die Kulissen bietet eine Stadionführung (interessant nicht nur für Clubberer). Öffentliche Termine: Mai bis September immer donnerstags um 17 Uhr, April und Oktober immer donnerstags um 16 Uhr.

→ Max Morlock Stadion, Max-Morlock-Platz 1, 90471 Nürnberg, www.stadion-nuernberg.de

Radeln und träumen am Ludwigskanal

37

Viele schöne Radwege gibt es im Frankenland, erfahrene Pedalritter streiten oft darüber, welcher wohl der schönste aller fränkischen Radwege ist. Ist es der vielfach ausgezeichnete Mainradweg oder doch eher der beschauliche Radweg entlang der Tauber? Sollte man die Altmühl wählen oder doch lieber das Zenn-Tal? Ist es die so abwechslungsreiche Strecke entlang der Pegnitz zwischen Nürnberg und Fürth oder vielleicht das wildromantische obere Pegnitztal? Stoff für Diskussionen. Keiner aber wird widersprechen, wenn man den Radweg entlang des Ludwigskanals nennt. War er für die Schifffahrt eher ein Flop, dem die aufkommende Eisenbahn bald die Ladung stahl, so sind ihm die Fahrradfahrer umso dankbarer, denn nirgends radelt es sich schöner als entlang der alten Treidelpfade, auf denen früher die Kanalpferdchen die Schiffe zogen. Und je älter der Kanal wird, umso zauberhafter wird er. Im Frühjahr blühen bunte Wasserpflanzen, an heißen Sommertagen spenden die Uferbäume kühlenden Schatten, im Herbst zaubern die Blätter einen bunten Teppich auf das Wasser und ist man an klirrendkalten Wintertagen unterwegs, staunt man über die wundersamen Eisskulpturen, die sich an den zahlreichen Schleusen bilden. Einfach in Nürnberg starten und dann hinaus ins Nürnberger Land!

Johannes

→ Beginn in Nürnberg: Finkenbrunn 46, Start- und Umkehrmöglichkeiten gibt es unterwegs von diversen S-Bahn-Stationen, u. a. in Feucht oder Altdorf. Sehenswert sind der historische Brückkanal, wo ein lauschiger Biergarten zur Rast einlädt (*Gasthaus Zum Ludwigskanal*: www.ludwigskanal.de). Das Kanalmuseum ist in der Burg von Burgthann untergebracht. An Sommersonntagen kann man sich mit Elfriede, einer alten Kanalschiffsdame, mit einer Pferdestärke treideln lassen wie anno dazumal.

38 Take-away auf Fränkisch

Wer in den unendlichen Weiten Frankens unterwegs ist und mit sinkender Tankanzeige konfrontiert wird, hat möglicherweise ein Problem. Denn abseits der größeren Städte und außerhalb der gängigen Öffnungszeiten eine nahegelegene und auch noch im Dienst befindliche Tankstelle zu finden, ist nicht immer ein leichtes Unterfangen. Wenn einen dagegen nachts um drei der kleine oder auch große Hunger packt, kann man sich entspannt zurücklehnen. Diesen kann man sofort stillen an einer Vielzahl von Genuss-Automaten. Die fränkische Antwort auf Take-away gibt es inzwischen nahezu allerorten und sie haben für Gelüste jeglicher Art genau das Richtige.

Hofautomaten bieten oft 24/7 regionale Milchprodukte, Eier, Brot oder Wurstspezialitäten. Wem spontan nach einem frisch gebackenen Erdbeerkuchen ist, der kann die leckeren Früchte rund um die Uhr erntefrisch am »Erdbeerautomat« der Familie Boss im Nürnberger Knoblauchsland ziehen. Keine Eier im

Kühlschrank und auch das Mehl ist aufgebraucht? Kein Grund, um in Panik zu verfallen. Im Automaten von Familie Leybold in Winn zwischen Leinburg und Altdorf gibt es jeden Tag frische Eier von glücklichen Hühnern mit viel Auslauf und reichlich Platz zum Sandbaden, Scharren und Picken an der guten mittelfränkischen Luft. Dazu gibt es regionales Mehl, Eiernudeln, selbst gemachte Marmelade und allerhand mehr für leere Vorratsschränke.

Die Schwiegermutter hat sich unerwartet zum Sonntagsessen angekündigt? Kein Problem: Roulade per Knopfdruck gibt es zum Beispiel im Fürther Ortsteil Stadeln. Hinter dem etwas anderen Convenience Food steckt der fränkische TV-Koch Rainer Mörtel.

Michael

→ Den »Erdbeerautomat« findet man etwas versteckt unweit des Flughafens Nürnberg. Folgen Sie der Irrhainstraße in Richtung Bucher Landgraben. Gemalte Erdbeeren in Übergröße weisen dann unübersehbar den Weg zu den Gewächshäusern der Familie Boss.

→ Der Automat von Familie Leybold befindet sich in der Winner Hauptstraße 2, 91227 Leinburg. Er ist täglich von 6 bis 20 Uhr geöffnet.

→ Einen der Automaten von Rainer Mörtel findet man z. B. in Fürth-Stadeln (im Vorraum der Norma-Filiale, Werkstraße 2, 90765 Fürth). Geöffnet ist er Montag bis Freitag von 7 bis 19 Uhr, Samstag und Sonntag von 8 bis 17 Uhr. Weitere Standorte: www.rainermoertel.de.

39 Jugendstilvoll genießen!

Durst wird durch Bier erst schön – wer möchte das bestreiten? Schöner aber noch wird der Durst, wenn er in stilvollem Ambiente gestillt werden kann. Das 1911 im Jugendstil von dem Münchner Architekten Franz Rank errichtete Sudhaus der Brauerei Humbser in Fürth erstrahlt wieder in altem Glanz. Selbst alte Knaben vergessen da manches Mal, in den Krug zu schauen.

Johannes

→ Zur Anreise empfehlen sich öffentliche Verkehrsmittel, kurzer Fußweg vom Fürther Hauptbahnhof. Humbser, Schwabacher Str. 106, 90763 Fürth, www.humbserundfreunde.de.

Farbenspiel über den Gräbern

Kaum ein Friedhof leuchtet so schön wie dieser! Nur die ehemalige Friedhofskirche erinnert noch an ihn und ein paar wenige Grabsteine, sonst ist alles zu einem wunderbaren Park gestaltet. Seine Entstehung hat der Fürther Stadtpark Johann Wilhelm Engelhardt zu verdanken, der 1867 das Gelände zwischen Friedhof und Regnitz zu einem öffentlichen Park umgestalten ließ. 1951 richtete Fürth die Gartenschau aus, der Garten wuchs. In der Milchgaststätte, dem heutigen *Parkcafé*, präsentierte man Köstliches vom Bauernhof. Theodor Heuss, damaliger Bundespräsident und Weinliebhaber, war es gewohnt, dass man ihm bei seinen Besuchen einen edlen Tropfen kredenzte. In Fürth aber bekam er ein Glas mit Milch überreicht, weshalb er später, wenn der Name der Stadt fiel, stets gesagt haben soll: »Fürth? War das nicht dort, wo man mir Milch serviert hat?«

Johannes

→ Der Fürther Stadtpark besitzt ein Rosarium, einen Baumlehrpfad und geht in weite Wiesen über, auf denen man spielen und chillen kann.

FRAU
JETTE ROSENTHAL
GEB. EHRLICH
HERRN
HEINRICH ROSENTHAL

Steine lassen Geschichte lebendig werden

Jeder einzelne der rund 6500 Grabsteine erzählt eine Geschichte. Sie berichten über jüdische Beerdigungs- und Trauerrituale, bedeutende Persönlichkeiten und das jüdische Leben. Die Gräber auf dem Alten Jüdischen Friedhof sind damit eine einzigartige Quelle der nicht weniger bedeutsamen jüdischen Geschichte Fürths, das im 18. Jahrhundert eine der spirituellen Hauptstädte des europäischen Judentums war. Die lange jüdische Geschichte und Kultur brachten Fürth sogar den Beinamen »fränkisches Jerusalem« ein. Dessen Spuren schlummern auf dem von einer hohen Mauer eingefriedeten Gelände, auf dem die Natur weitgehend sich selbst überlassen ist. Genutzt wurde der Friedhof, auf dem viele berühmte Rabbiner wie Meschullam Salman Kohn oder wohltätige Mäzene wie der Stifter der ersten Säuglingsklinik in Bayern, Alfred Nathan, begraben wurden, von 1607 bis 1906. Mit seinen fast 20.000 Quadratmetern ist er auch heute noch einer der ältesten, größten und bedeutendsten Jüdischen Friedhöfe in Deutschland und in Europa. Vor allem verraten die alten Grabsteine viel über die Geschichte der jüdischen Gemeinde in Fürth. Ein Ort, dessen würdevolle Stimmung nachhaltig beeindruckt.

Michael

→ Alter Jüdischer Friedhof Fürth, Friedhofseingang Schlehenstraße, 90762 Fürth. Die Alte Jüdische Friedhof wird nur zu Führungen geöffnet. Auskünfte dazu erteilt die Fürther Tourist Information. Einen Blick hinter die Friedhofsmauern ermöglicht auch der Verein »Geschichte Für Alle«.

→ www.tourismus-fuerth.de

→ www.geschichte-fuer-alle.de

→ Noch mehr Informationen über die fast tausendjährige jüdische Geschichte in Süddeutschland bietet das Jüdische Museum Franken (www.juedisches-museum.org).

Spuren in Stein gemeißelt: Auf dem Alten Jüdischen Friedhof in Fürth wird Geschichte lebendig.

42 Wo sich Pegnitz und Rednitz vereinen

Durch Fürth schlängeln sich viele Flüsse: die Zenn, die Rednitz, die Pegnitz. Nicht zu vergessen die knapp 59 Kilometer lange Regnitz, die nordwestlich des Stadtzentrums von Bamberg in den Main mündet. Während eine Sache umstritten ist, nämlich, ob sich der Name vom westslawischen Rekavica (»Fluss«) ableitet, ist eine andere Sache klar wie Kloßbrühe: Ihren Ursprung hat die Regnitz in der Kleeblattstadt. Der Ort, an dem sich Rednitz und Pegnitz zu ihr vereinen, ist beinahe mystisch, in jedem Fall aber bedeutungsvoll für alle Franken. Dem Zusammenfluss hat man eine eigene Aussichtsplattform inklusive Gedenkstein gewidmet.

Eine gute Idee, denn am Ufer auf den großen Muschelkalk-Blöcken sitzend kann man wunderbar dem Fließen des Flussdreierlei zusehen und seinen Gedanken nachhängen. Manch Fürther wird hier hin und wieder sicherlich auch ein wenig melancholisch zurückdenken an alte Zeiten. Denn in Fürth hatte man Anfang des 20. Jahrhunderts hochtrabende Pläne. Wäre es nach diesen gegangen, würde Fürth heute nicht einfach nur Fürth heißen, sondern womöglich »Bad Fürth«.

Mehr oder weniger zufällig entdeckten Kaufleute und Fabrikanten aus Nürnberg und Duisburg am Anfang des 20. Jahrhunderts bei Probebohrungen auf der Suche nach Steinkohle in der Nähe der Pegnitz an der Stadtgrenze zu Nürnberg die erste Fürther Heilquelle. Diese konnte sich sehen lassen und stand in ihrem gesundheitlichen Wert derjenigen in Bad Kissingen in nichts nach. Warum es also nicht mit der schon damals bekannten Kurstadt aufnehmen, dachten sich die Fürther. Und es hätte auch funktionieren können: 1912 eröffnete ein Kurbad (das König-Ludwig-Bad) mit allem, was dazugehört.

Tatsächlich zog damit mondäner Kurbetrieb ein in Fürth, der manchen Nürnberger sicherlich vor Neid erblassen ließ. An der Pegnitz entstanden Wandel- und Trinkhallen, ein Musikpavillon und Tennisplätze. Die Gäste promenierten in feinem Gewand durch den Kurpark. Zehntausende Moorbäder, Inhalationen und Fangopackungen wurden verabreicht. Doch der Traum war schnell ausgeträumt. Der Erste Weltkrieg beendete Fürths Aufstieg in die erste Liga der Heilbäder abrupt.

Aber wer weiß, so überraschend Fürths Fußballmannschaft bereits zum zweiten Mal in die erste Fußballbundesliga aufgestiegen ist, gelingt ja vielleicht eines Tages auch dieser große Coup und aus Fürth wird doch noch »Bad Fürth«. Träumen darf man schließlich, vor allem an einem solch magischen Ort wie dem Fürther »Flussdreieck«.

Michael

→ Das Fürther »Flussdreieck« (auch einfach nur die »Spitz« genannt) ist zu erreichen von der Altstadt her oder von der Oststadt über den Friedhofsteg über die Pegnitz und von der Weststadt, Kapellenruh, über den Käppnersteg über die Rednitz.

43 Ein Bierchen auf dem Solarberg

An schönen Sommerabenden, wenn mich nach der Arbeit noch nichts nach Hause zieht, kann es vorkommen, dass ich mich mit meinem Sohn Jonas auf ein Feierabendbierchen verabrede. Dann radeln wir beide zum Fürther Solarberg, Jonas von der Fürther Südstadt, ich von Alterlangen aus den Kanal entlang, um uns eine halbe Stunde später am Fuße des »Monte Scherbilo«, wie der Schuttberg manchmal scherzhaft genannt wird, zu treffen. Nach einem kurzen, steilen Anstieg setzen wir uns auf eine der einladenden Bänke und lassen die Blicke schweifen. Wo sonst hat man schon einen 360-Grad-Blick über das Städtedreieck Nürnberg–Fürth–Erlangen? Auch Grundschulklassen sei dieses Ausflugsziel wärmstens empfohlen. Wie bei einer Modellbauanlage kann man die Landschaft aufs Schönste betrachten, die verschiedenen Verkehrswege vor allem. Hübsch sieht es aus, wenn die Züge durchs Knoblauchsland flitzen, wenn über den Kanal ein Schiff tuckert, wenn kleine, glitzernde Punkte am Himmel immer näher kommen und größer und größer werdend zu Flugzeugen mutieren, welche dicht über uns ihre Fahrwerke

ausklappen, um dann immer tiefer Richtung Osten zu schweben und auf den Landebahnen am Horizont aufzusetzen. Dazu die Radfahrer und Jogger in der Regnitzau, flanierende Fußgänger an den Kanalufern, viele mit Kinderwagen oder Hund, und selbst der manchmal so nervende Autoverkehr – aus der Distanz betrachtet wirkt er fast putzig, geräuschlos und belästigt die Nase nicht.

Die Kunst, aus einem Müllberg ein attraktives Ausflugsziel zu machen, den Fürthern ist sie gelungen. Und der Müll leistet noch mehr. Das entstehende Deponiegas wird gesammelt und liefert Verbrennungswärme für ca. 100 Haushalte; 2003 wurde zudem die Südseite mit Solarmodulen verkleidet, welche bis zu 250 Haushalte mit Strom versorgen können. Darauf darf man getrost mit einem guten fränkischen Feierabendbierchen anstoßen: Prost!

Johannes

→ Für Autofahrer gibt es einige wenige Parkplätze, der Solarberg ist aber auch ausgezeichnet ab Fürth mit dem Bus 173 Richtung Atzenhof oder dem Bus 175 Richtung Vach zu erreichen, am schönsten aber natürlich mit dem Rad.

44 Fränkische Antwort auf Nutella

Er kann ein echter Seelentröster sein oder einfach »nur« Genuss pur: der Biss in ein reichlich mit Nuss-Nougat-Creme beschmiertes Brötchen. Wenn da nur nicht dieses schlechte Gewissen wäre, das einen beim Blick auf die Zutatenliste schnell überkommt. Gott sei Dank gibt es dafür eine Lösung »made in Franken«. Die liegt in Gonnersdorf, einem Gemeindeteil von Cadolzburg. Haselnuss-Bauer Martin Stiegler hat sich dort gemeinsam mit seiner Familie voll und ganz dem herrlich cremigen Frühstücksgenuss verschrieben.

Das Besondere: Die fränkische Antwort auf Nutella kommt ganz ohne das umstrittene Palmöl aus. Dafür stecken in der Cadolzburger Variante nur Haselnüsse aus Franken drin. Und im Gegensatz zu handelsüblichen Nougat-Brotaufstrichen aus dem Supermarkt besteht die fränkische Nuss-Creme zu 55 Prozent aus Nüssen.

Das hat sich längst bis zu Star- und TV-Koch Alexander Herrmann herumgesprochen. Es hält sich sogar hartnäckig das Gerücht, dass eines Weihnachtens die Bestellung eines großen italienischen Süßwarenherstellers in Gonnersdorf eingegangen ist. Ob es sich um Produktspionage gehandelt hat oder man sich zum Fest auch dort mal ein »gscheites« Nutella gönnen wollte, ist nicht bekannt.

Kein Wunder also, dass es mitunter gar nicht so einfach ist, ein Glas schokoladig-nussige Glückseligkeit zu ergattern. Die Fans scheinen schier zu lauern, denn kaum ist der Online-Shop mit Nachschub bestückt, ist das virtuelle Regal auch schon wieder leergefegt. Wie gut, wenn man keinen allzu langen Weg nach Cadolzburg hat. Denn vor Ort wird man im Hofladen oder rund um die Uhr in der »GeNuss Schmiede« so gut wie immer fündig. Richtig gelesen! Die einstige Dorfschmiede auf dem Hofgelände von »FrankenGeNuss« wurde liebevoll restauriert und umfunktioniert.

Außerdem backt der Brotaufstrich-Revoluzzer Haselnuss-Cantuccini, lässt Haselnuss-Geist brennen (Basis für einen äußerst leckeren »Eier-GeNuss-Likör«) und stellt aus den Haselnuss-Schalen sogar Grillkohle her. Aber am schönsten ist es immer noch, am Sonntagmorgen beim Frühstück ohne schlechtes Gewissen in sein Brötchen mit Haselnuss-Nougat-Aufstrich aus Franken zu beißen. Mhhhhmmmmmmmm. Aber »Obachd«: akute Suchtgefahr! Nicht, dass es später heißt, Sie seien nicht gewarnt worden.

Michael

→ Die aktuellen Öffnungszeiten des Hofladens sind der Homepage zu entnehmen. In der »GeNuss Schmiede« und im Online-Shop gibt es Haselnuss-Nougat-Aufstrich und Co. rund um die Uhr. FrankenGeNuss, Gonnersdorf 6, 90556 Cadolzburg, www.franken-genuss.de.

Die heilenden Quellen von Wildbad

Der Schimmel eines Bauern war erkrankt. Als der Bauersmann sein Pferd durch den Wald führte, voller Gram und Kummer, und schon erwog, das Tier zum Abdecker zu bringen, da senkte der Schimmel sein müdes Haupt und trank aus einer Waldesquelle – und siehe da, ein Wunder geschah, er erholte sich und gesundete. So die Sage.

Mitten auf der Frankenhöhe, unweit der Altmühlquelle, quillt ein besonderes Wasser aus der Tiefe. Schon zur Zeit Karls des Großen, also um das Jahr 800, war seine Heilkraft berühmt. Unbestrittener Höhepunkt der Kurbadgeschichte war 1717 der Besuch von Christiane und ihrem Gefolge, der Königin von Polen und Kurfürstin von Sachsen. Sogar ihre Kammerzwergin hatte

Der *Waldgasthof Wildbad* ist Startpunkt für Wanderungen entlang der nahen Quellen.

sie mit auf die Reise genommen. Als Ehefrau Albrechts des Starken hatte Christiane eine Kur wohl auch bitter nötig. Die Königin konnte schon durch herrliche Alleen wandeln, die Markgraf Georg Wilhelm wenige Jahr zuvor hatte anlegen lassen, lange Schneisen durch die Wälder.

Was aber war das für ein Wasser, aus dem die Königin getrunken hat? Sieben Quellen entspringen dem Schilfsandstein auf hundert Metern Länge, sieben Brunnen hat man angelegt, die allerdings heute nicht mehr genutzt werden: Der Doktorbrunnen entgiftete die inneren Organe und leitete die unreinen Stoffe aus dem Körper. Der Musketierbrunnen roch leicht nach faulen Eiern, der Schwefel aber war gut gegen Hautkrankheiten. Mit dem Wasser des Augenbrunnens benetzte man seine Lider und konnte die Welt wieder mit anderen Augen betrachten. Der Kochbrunnen diente ganz profan zur Kühlung der Lebensmittel, von Wasser allein schließlich kann der Kurgast nicht leben. Der Waschbrunnen bedarf keiner weiteren Erklärung. Im Historischen Badbrunnen schließlich liefen alle Quellen zusammen. Mit einem kräftigen Feuer konnte das Wasser erhitzt werden, damit auch Warmduscher ihre Freude hatten.

Das Ensemble krönte schließlich ein Schlösschen, 1789–90 erbaut von Markgraf Christian Friedrich Karl. Langsam aber fiel das abgelegene Bad in einen Dornröschenschlaf. Anfang der 1950er-Jahre küsste man es noch einmal wach, 1968 erlosch der Kurbetrieb endgültig. Die Stadt Burgbernheim, welche die Anlagen 1814 erworben hatte, verkaufte sie in private Hände weiter. Heute lässt sich in dem gepflegten Hotelbetrieb wieder einkehren, Tagesgäste können das stille Tal durchwandern und im Restaurant hübsch einkehren. Und wer von den Heilwassern probieren will, nur zu, die Quellen sprudeln noch.

Johannes

→ Im *Waldgasthof Wildbad* lässt sich gut nächtigen und speisen (www.waldgasthof-wildbad.de). Wanderungen entlang der Quellen und der nahen Wälder lohnen. Auch als Startort für eine Radwanderung entlang der Altmühl gut geeignet.

46 Ein verschütteter Tropfen gebiert ein Meisterwerk

Ein Missgeschick. Ein paar kleine Tropfen, die daneben spritzten – das Entsetzen des Priesters muss groß gewesen sein. Denn was da auf dem Altartisch glitzerte, war kein Messwein mehr, das war das Blut Christi, in den er den Wein verwandelt hatte: »Dann nahm er den Kelch und sprach: Das ist mein Blut!« Und das Blut Christi ist heilig, da darf man nicht einfach einen Lappen nehmen und diesen dann in die Wäsche stecken. Das hätte eine schlimme Sünde bedeutet. So behalf man sich mit einer Notlösung. Vorsichtig trocknete man den Altartisch mit dem Streifen eines sauberen Baumwolltuchs, ließ ein Kreuz anfertigen und steckte das Tuch in die zentrale Kugel aus Bergkristall, um das Jahr 1270 soll das gewesen sein. Die Begebenheit sprach sich herum und bald schon strömten Pilger zur Stadtkirche St. Jakob, um vor der Reliquie zu beten. Die cleveren Rothenburger wussten die Wallfahrt zu nutzen, denn Pilger brachten Geld, und so beauftragte man den Würzburger Tilman Riemenschneider, einen würdigen Altar zu schnitzen. Riemenschneider entschied sich für die Szene mit dem letzten Abendmahl. Wer kann Gesichter, wer die fallenden Haare, ja selbst die Adern auf den Händen realistischer darstellen? Richtig revolutionär aber war, dass er Judas, den Verräter, nicht an den Rand der Jüngerschaft setzte, sondern als Hauptperson mitten ins Zentrum, Auge in Auge mit Jesus. Und noch etwas Einzigartiges hat Riemenschneider geschaffen: Man kann den Judas herausnehmen, dann erst wird Jesu Lieblingsjünger Johannes sichtbar, der schlafend niedergesunken ist, den Kopf auf die Arme gebettet.

Riemenschneider war nicht nur der vielleicht größte Bildschnitzer aller Zeiten, er war auch ein politischer Kopf, mutig in seinem Kampf gegen Armut und Unterdrückung. Zum Bürgermeister von Würzburg gewählt, öffnete er in der Zeit der Bauernkriege den Aufständischen die Stadttore, während sich der Fürstbischof als Landesherr auf der Feste verschanzt hielt. Als man den Aufstand blutig niedergeschlagen hatte, rächte sich der Sieger an Riemenschneider, ließ ihn ins Gefängnis stecken und angeblich sogar die Hände brechen. Zwar wurde der Bildschnitzer später rehabilitiert, er erhielt aber keine öffentlichen Aufträge mehr und starb als gebrochener Mann. Zahlreich sind die Werke, die er in seiner fränkischen Wahlheimat hinterlassen hat. Auch mit Stein hat Riemenschneider gearbeitet. Das Grab von Kaiser Heinrich und seiner Frau Kunigunde im Dom zu Bamberg ist sein größtes Meisterwerk als Bildhauer. Es lohnt sich, auf seinen Spuren durch Franken zu reisen.

Johannes

→ Rothenburg ob der Tauber ist ein Gesamtkunstwerk. Kinder lieben den Gang über die Stadtmauer mit den sich ständig ändernden Perspektiven. Für das Mittelalterliche Kriminalmuseum braucht man gute Nerven, das Deutsche Weihnachtsmuseum beruhigt sie schnell wieder.

→ www.rothenburg-tourismus.de

Heilig-Blut-Altar von Riemenschneider in der Jakobskirche in Rothenburg

47 Der erste Motorflug

Bridgeport, Connecticut, 14. August 1901, früher Morgen. Eine seltsame Maschine wird in Position gerollt, sie sieht aus wie ein übergroßer Vogel, ein Flugreptil. Fächerförmig sind die ausladenden Flügel gebaut, aus Bambusstöcken und Seide. Vorne aber befinden sich zwei Propeller, die ein selbst gebauter Motor antreibt. Der Konstrukteur des Flugzeugs und Entwickler des Motors ist Gustav Weißkopf aus dem fränkischen Leutershausen, Whitehead nennt er sich in den USA. 20 Pferdestärken, wird das reichen? Zwei Helfer halten die Maschine, bis Weisskopf den Motor anwirft und der Vogel nicht mehr zu bändigen ist. Unter dem Staunen der Zuschauer erhebt sich das Flugzeug und schwingt sich in die Lüfte. Der erste Motorflug der Geschichte ist gelungen.

Im Deutschen Flugpionier-Museum Gustav Weisskopf werden Leben und Werk des mutigen Mannes lebendig – sowie die Geschichte der frühen Luftfahrt. Unter den zahlreichen Exponaten imponiert besonders der Nachbau der Flugmaschine Condor 21.

Johannes

→ Das Deutsche Flugpionier-Museum Gustav Weißkopf in Leutershausen eröffnet voraussichtlich 2022 in neuem Gewand. Plan 6, 91578 Leutershausen, www.weisskopf.de.

Wo Franken am preußischsten ist

Das beeindruckende Kloster Heilsbronn mit Grablege der Hohenzollern

Ein Tag im frühen Mittelalter. Das Wetter lockte zu einem Jagdausflug, so ritt Hahold voller Vorfreude in die Wälder hinein. Eine Jagd aber kann auch für den Jäger gefährlich werden. Hahold stürzte vom Ross und verletzte sich schwer. Mühsam schleppte er sich durch das Gehölz, bis er auf eine Quelle stieß, an der er sich labte. Kaum aber hatte er von dem Wasser getrunken, als seine Schmerzen nachließen und er gesundete. Der Ort wurde zum Sitz eines Zisterzienserklosters ausgewählt. In einer Krypta der Klosterkirche ist die Quelle gefasst. Fons salutis, Heilsbronn, wurde das Kloster genannt. Die Besichtigung lohnt auch wegen des eindrucksvollen Raumeindrucks der Kirche und zahlreicher Kunstwerke aus der Dürerzeit. Auch Preußen-Fans kommen auf ihre Kosten: Das Münster ist die größte Grablege der Hohenzollern während ihrer Herrschaft in Franken.

Johannes

→ Auch die Innenstadt hat sich in den letzten Jahren gemausert und lädt zur Besichtigung ein (www.heilsbronn.de). Zahlreiche Einkehrmöglichkeiten.

49 Kaspar Hauser – Mord oder Selbstmord?

»HIC OCCULTUS OCCULTO OCCISUS EST XIV. DEC. MDCCCXXXIII« – »Hier wurde ein Geheimnisvoller auf geheimnisvolle Weise getötet 14. Dezember 1833«. So lautet die Inschrift auf dem Gedenkstein im Ansbacher Hofgarten.

Ganz klar, er wurde ermordet! Aus welchem Motiv auch immer. Gut möglich, dass er der reguläre badische Erbprinz war, den eine eifersüchtige Nebenlinie als Baby gegen ein sterbendes Kind vertauschen ließ, sodass er offiziell für tot erklärt wurde. Die meiste Zeit seines Lebens in ein dunkles Verließ gesperrt, ließ man ihn erst im Alter von etwa 16 Jahren frei, indem man ihn heimlich nach Nürnberg brachte. Sprechen konnte er nicht und auch nicht schreiben, nur zwei Wörter, die zu seinem Namen wurden: »Kaspar Hauser«. Als er dann das Sprechen lernte, begann man, den Fall juristisch zu verfolgen. Früh schon mutmaßten viele, er könne von hoher Abkunft sein. Merkwürdige Dinge passierten, die diesen Verdacht nährten, das Auftreten eines mysteriösen Mannes namens Lord Stanhope zum Beispiel und ein Attentatsversuch im Hause seines Lehrers, des Dichters und Gelehrten Daumer, zum Glück nur ein Streifschuss. Das Haus Baden verweigert bis heute den genetischen Vergleich mit in den Särgen ruhenden Vorfahren, Blutreste Kaspar Hausers stünden zur Verfügung. Klarer Fall eines historischen Verbrechens!

Klarer Fall? Verbrechen, okay, aber doch kein Mord. Ein Kind über Jahre isoliert in einen Kerker zu stecken, diese Gräueltat hat der berühmte und verdiente Jurist Anselm von Feuerbach in einer heute noch hervorragend lesbaren Studie mit dem Titel »Kaspar Hauser – Beispiel eines Verbrechens am Seelenleben eines Menschen« eindrucksvoll zusammengefasst. Der Kämpfer gegen die Folter und Schöpfer des modernen Strafgesetzes hat sich nicht nur juristisch, sondern auch persönlich Kaspar Hausers angenommen. Alle Versuche, Kaspar Hauser zu helfen, in dieser Welt Fuß zu fassen, aber konnten das schwere Trauma seiner Kindheit nicht überwinden. Kaspar Hauser blieb ein zutiefst verunsicherter, zutiefst einsamer Mensch, der darunter litt, wie ein Tier bestaunt zu werden und die in ihn gesetzten Hoffnungen nicht erfüllen zu können. Man hatte ihn auch mit der Religion traktiert, er wusste, dass Selbstmord als schwere Sünde angesehen wurde. So fingierte er einen Brief, der ihn unter dem Vorwand, ihm etwas über seine Mutter verraten zu können, in den Hofgarten lockte, wo er sich – todmüde von den seelischen Strapazen – einen spitzen Dolch ins Herz stach. Auf dieser Welt konnte es kein lebenswertes Leben für ihn geben.

Begraben wurde er auf dem Stadtfriedhof von Ansbach. Auf seinem Grabstein steht geschrieben: »Hier liegt Kaspar Hauser, Rätsel seiner Zeit, unbekannt die Herkunft, geheimnisvoll der Tod.«

Johannes

→ Der Ansbacher Hofgarten gehört sicherlich zu den schönsten Anlagen Frankens. Öffnungszeiten im Sommer bis 22 Uhr, im Winter bis 18 Uhr, Frühling und Herbst bis 20 Uhr. Auch der Besuch der Residenz mit dem prächtigen Deckengemälde des Festsaals von Carlo Carlone lohnt sich.

→ www.schloesser.bayern.de

50 Eine Fränkin als musikalische Botschafterin

Man findet sie auf den Philippinen, in Russland, in Kanada, in Japan und natürlich hierzulande. Aus ihren bis zu 122 Pfeifen aus massivem Holz erklingen Klassiker wie der Walzer, Kinderlieder, aber auch Technomusik der 90er und aktuelle Schlager wie »Atemlos«. Seit mehr als 40 Jahren werden in der kleinen Drehorgelmanufaktur von Kai Rafeldt in Dinkelsbühl mit viel Liebe zum Detail verschiedenste Drehorgelmodelle und -ausführungen in aufwendiger Handarbeit hergestellt.

Zwischen zwei Wochen und sechs Monaten dauert das je nach Modell. Meterstäbe findet man in der Schreinerei keine, nur Feinlineale. Jedes Loch, das zur Funktion der Orgel beiträgt, wird von Hand gebohrt. Bis zu zwei sechs Meter lange skandinavische Fichtenstämme werden in einem Jahr verarbeitet – in präzisester Filigranarbeit. Dazu kommen Ahorn für die Technik

im Innenleben der Orgel und Buche überall dort, wo das Instrument besonders stabil sein muss.

Nicht nur der Pfeifenbau ist eine kleine Wissenschaft für sich. Etwa 2000 Einzelteile braucht es, um eine fertige Drehorgel entstehen zu lassen. Von alledem sieht man schließlich nichts mehr. Die Arbeit des Instrumentenbauers und des Feinmechanikers bleibt im Verborgenen. Allein das Handwerk der Gehäusemalerin sticht ins Auge. Bei der Gestaltung des Orgelgehäuses gibt es nichts, was es nicht gibt: Sogar ein Ferrari wurde bereits auf eine Drehorgel gemalt.

Überhaupt könnten die Kunden unterschiedlicher nicht sein: Der ehemalige Elektroingenieur, der sich mit Clownerie und Drehorgelspiel die Rente aufbessert, zählt genauso dazu wie ein gut bezahlter Manager, der sich dazu entschlossen hat, fortan lieber als Straßenmusikant sein Geld zu verdienen. Und: Die Drehorgelmanufaktur hat es sich zur Aufgabe gemacht, diese wunderbare Musiktradition mit Erfindungsreichtum auch an junge Menschen weiterzugeben. Aus den Musikinstrumenten können AC/DC genauso wie angesagte Bierzeltschlager erklingen.

Kostprobe gefällig? Egal ob im manufaktureigenen Drehorgelmuseum oder beim jährlichen Tag der offenen Tür: Kai Rafeldt, der unermüdliche Bewahrer »seines« Instruments, nutzt jede Gelegenheit, um andere für die charakteristische Drehorgelmusik zu gewinnen. Sogar bis auf die große Konzertbühne hat er es mit einer seiner Drehorgeln bereits geschafft. Die Kultband »Sportfreunde Stiller«, die regelmäßig für ausverkaufte Konzerthallen sorgt, hat ihren Hit »54, 74, 90, 2010« bei Live-Auftritten schon häufiger mit Drehorgelklang aus der kleinen fränkischen Manufaktur untermalt.

Michael

→ DELEIKA Drehorgelbau, Waldeck 33, 91550 Dinkelsbühl, www.deleika.de. Das Drehorgelmuseum der Manufaktur in Dinkelsbühl kann mit Gruppen von zwei bis 70 Personen besichtigt werden. Die angebotenen Führungen lassen Sie eintauchen in die beeindruckende, spannende und magische Welt der Drehorgeln.

Wenn es Meer sein muss

Herrliche Landschaften. Liebenswerte mittelalterliche Städte. Vielfältige Kulturangebote. Nicht zu vergessen all die kulinarischen Genüsse. Ganz ehrlich: Gibt es bei all den Vorzügen überhaupt nur einen guten Grund, das schöne Franken zu verlassen?

Okay, das Einzige, was uns tatsächlich fehlt, ist ein direkter Zugang zum Meer. Den ersten Kaffee des Tages am Wasser sitzend genießen. Einschlafen mit dem leisen Rauschen der Wellen im Hintergrund. Doch Moment: Auch maritimes Lebensgefühl gibt es mitten in Franken, genauer gesagt im Fränkischen Seenland. Das »Floating Village Brombachsee« macht es möglich. Die Wasservillen des schwimmenden Ferienhausparks schenken ein Stück dieser Freiheit auf dem Wasser.

Richtig gehört: Hier kann man wunderbar im Wohnzimmer sitzend oder auf der eigenen Deck- und Dachterrasse mit einem Glas Wein oder kühlen Bier die Stille und einen faszinierenden Sonnenuntergang genießen. Herrlich! Dank Tidenhub ist sogar das sanfte Schaukeln beim Einschlafen inklusive. Und am nächsten Morgen darf natürlich der Sprung ins kühle Nass nicht fehlen.

Gründe, sich dieses Erlebnis zu gönnen, gibt es genug: Wie wäre es zum Beispiel mit dieser Alternative zum üblichen Blumenstrauß anlässlich des Hochzeitstages? Die Erfahrung zeigt, dass sich eine solche Auszeit in einer der Wasservillen auch als Entschuldigung für vergessliche Ehemänner (oder -frauen) eignet. Spätestens beim Blick auf den ruhenden See, in dem sich die Lichter der umliegenden Ortschaften spiegeln, ist auch ein solcher Lapsus schnell vergessen. Und Gründe, das schöne Franken zu verlassen, fallen einem da erst recht keine mehr ein.

Michael

→ Floating Village Brombachsee, Am Segelhafen 2, 91785 Pleinfeld, www.eco-lodges.de. Das »Floating Village Brombachsee« liegt direkt am Ramsberger Segelhafen (Pleinfeld) auf dem Brombachsee.

Eine Auszeit auf dem Wasser: Auch Franken bietet maritimes Lebensgefühl.

52 Der Herkules von Biriciana

Auch in Franken hat man ihn einst verehrt: Herkules, den Bezwinger aller Gefahren und Notlagen. Dass er heute wieder bewundert werden kann, ist einem Spargelbauer zu verdanken. Ein Weißenburger Lehrer und Liebhaber der weißen Stangen wollte im Herbst 1979 sein Beet vergrößern, als er auf seltsame Gegenstände stieß. Schnell rief er seine Familie zu Hilfe und auch den Stadtarchivar, gemeinsam hob man den Schatz, einen der bedeutendsten römischen Funde nördlich der Alpen. Man beschloss, Herkules und Co. nicht nach München zu verbringen, sondern in Weißenburg, dem römischen Biriciana, ein Museum einzurichten. Vergraben hat man die Kultgegenstände wohl zwischen 233 und 250 n. Chr., vermutlich, weil die freien Franken jenseits des Limes frech geworden waren.

Das RömerMuseum Weißenburg ist nicht nur wegen des hübschen Herkules eine Reise wert! Auch die Thermen und das Kastell wollen erkundet werden.

Johannes

→ RömerMuseum, Martin-Luther-Platz 3–5, 91781 Weißenburg. Parkhaus »Doerflervilla«, zu Fuß vom Bahnhof Weißenburg gut erreichbar.

→ Kastell Biriciana am westlichen Rand von Weißenburg (Bahnhofsnähe), jederzeit frei zugänglich, die benachbarten Römischen Thermen sind im Sommerhalbjahr gegen geringen Eintritt zu besichtigen (außergewöhnlich gut erhaltenene Bäderanlage).

→ www.museen-weissenburg.de

Herkulesstatue im RömerMuseum Weißenburg

53

Natur-Schauspiel unter Sternenhimmel

Wie man ein Kind für Theater, Musical und Co. begeistert? Ganz einfach: Man »schleppe« es an einen magischen Ort, an dem Kulturelles in besonderer Atmosphäre auf die Bühne kommt, und die Lunte ist gelegt. Das Bergwaldtheater Weißenburg bietet ein solch außergewöhnliches Theatererlebnis. Inmitten von alten Bäumen gelegen, hat die romantische Waldbühne in einem ehemaligen Steinbruch mit ihrer Freiluftkulisse ihr ganz eigenes Flair. Die Kinderstücke sind genauso fester Bestandteil des Spielplans wie Oper, Klassik, Musical, Rock und Pop, Schauspiel und Kabarett. Am besten genießt man das einmalige Kulturerlebnis (das ein oder andere Mal sogar unter funkelndem Sternenhimmel) im Weißenburger Wald von den Wurzelplätzen aus, direkt zu Füßen der uralten Bäume. Ach ja: Die damals gelegte Lunte brennt heute übrigens lichterloh. Und immer mal wieder ist da dieser Traum: Einmal die Perspektive wechseln, selbst auf dieser Bühne stehen, das Flair von dort genießen. Das wäre was. Aber keine Angst, Sie können sicher sein, dass Sie auf professionelle Schauspieler und Sänger treffen, die ihr Handwerk verstehen. Aber träumen ist schließlich erlaubt. Vor allem an einem solchen Ort.

Michael

→ Die Spielzeit für das Bergwaldtheater Weißenburg beginnt im Juni. Das Programm wechselt jedes Jahr, einer darf aber nicht fehlen: Der »Brandner Kaspar« der Weißenburger Bühne '87 e. V. steht seit 2001 auf dem Spielplan und ist längst Kult.

→ Kulturamt Weißenburg, Bergwaldtheater, Pfarrgasse 4, 91781 Weißenburg i. Bay., www.bergwaldtheater.de

Einmaliges Kulturerlebnis: das romantische Bergwaldtheater Weißenburg

UNTERFRANKEN

1 Gespenstisch im Nebel, magisch im Sonnenschein

»O schaurig ist's über's Moor zu gehn« – so beginnt das Gedicht »Der Knabe im Moor« von Annette von Droste-Hülshoff. Sie beschreibt darin ganz gut, welche Bilder man gemeinhin im Kopf hat, wenn man an Moorlandschaften denkt. Dem Volksglauben nach wimmelte es dort schließlich nur so von Irrlichtern, Geistern, Dämonen und anderen Schauergestalten. Und tatsächlich: Früher wurden Todesurteile zum Beispiel durch das Versenken im Moor vollstreckt. Oft versuchte man auch, Verbrechen zu vertuschen, indem man die Leichen im Moor versenkte.

Zugegeben: Wer an einem tristen Herbsttag das Schwarze Moor auf der Langen Rhön besucht, der mag diesen düsteren Gedanken womöglich nachhängen, wenn sie oder er dieses besondere Schaufenster der Natur auf dem knarzenden, in Ne-

belschwaden gehüllten Bohlensteg durchschreitet. Macht man sich dagegen an einem schönen Sommertag, am besten kurz vor Sonnenuntergang auf, eines der bedeutendsten Hochmoore Mitteleuropas zu erleben, zeigt es sich von einer ganz anderen – garantiert gruselfreien – Seite.

Der Naturlehrpfad mit seinen gut 2,5 Kilometern entführt dann in eine faszinierende, atemberaubende und mystische Welt. Die meisten Tagesbesucher sind schon wieder auf dem Rückweg. Die Gedanken können vorbeiziehen. Lässt man den Blick über die Landschaft schweifen, wähnt man sich schnell weit weg. Plötzlich ist da das Gefühl, nicht mehr in unmittelbarer Nähe des Dreiländerecks Hessen–Bayern–Thüringen zu sein, sondern inmitten der endlosen Weite einer afrikanischen Steppe. Echtes Afrika-Feeling mitten in der Rhön.

Freilich lohnt sich ein Besuch auch bei schlechterem Wetter oder zu anderer Uhrzeit. Man entdeckt immer wieder Neues, Anderes, Aufregendes. Dabei helfen auch die 23 Informationstafeln entlang des Steges, die allerlei Wissenswertes vermitteln und die Fantasie anregen. Schon einmal etwas von Mooraugen gehört? Bis heute rätseln Wissenschaftler, wie diese runden, teichähnlichen Wasserflächen im Moor entstanden sind. Ein wenig schaurig bleibt er dann am Ende vielleicht doch, der Gang übers Moor.

Michael

→ Infos: Das Schwarze Moor ist zu jeder Jahreszeit ein Erlebnis. Bei Schnee- und Eisglätte wird der Moorsteg allerdings aus Sicherheitsgründen gesperrt. Der Naturlehrpfad ist auch für Rollstuhlfahrer und Kinderwagen gut geeignet. Ein Aussichtsturm am Ende des Rundweges bietet einen atemberaubenden Blick über das Moor und auf die Rhön. An der Informationsstelle gibt es neben Wanderkarten, Rhönsouvenirs und Rhönliteratur auch leckere Bratwürste. Regelmäßige Führungen: Mai bis September immer sonntags von 10 bis 12 Uhr.

→ Infostelle Schwarzes Moor, Schwarzes Moor 1, 97650 Fladungen

2 Zu Besuch bei Adam und Eva in der Rhön

Für den Bibelgarten in Sondheim vor der Rhön gilt im Grunde, was in der Schöpfungsgeschichte steht: Er war wüst und leer und hatte überhaupt keinen Nutzen. Aus einem einst verwilderten Grasgelände, dem ehemaligen Schulgarten der Evangelischen Kirchengemeinde Sondheim, ist in konfessionsübergreifender Eigenleistung der von manchen so genannte »Garten Eden der Rhön« entstanden. Und das zu Recht: Die helfenden Hände haben ein kleines grünes Paradies geschaffen. Mit seinem Motto »Anmut, Stille und Besinnung« lädt der Bibelgarten ein zum Innehalten und Verweilen. Wer in der Hektik des Alltags einfach einmal eine halbe Stunde Ruhe sucht, ist hier genauso richtig wie alle, die sich spirituell neu inspirieren lassen möchten. Denn natürlich will der Bibelgarten den Besuchern die biblische Botschaft nahebringen. Mit viel Liebe zum Detail gestaltete bildliche Darstellungen machen auf die Bibel neugierig: Direkt neben dem Berg Sinai mit den Gebotstafeln, die Gott an Moses übergeben hat, trifft man auf die leere Grabstelle mit dem weggerollten Stein.

Im Mittelpunkt stehen aber natürlich die in der Bibel erwähnten oder in der biblischen Welt vorkommenden Pflanzen. Da sind Heiligenkraut und Lavendel, die sich mit ihrem intensiven Duft sofort bemerkbar machen. Etwas genauer hinschauen muss man bei der weidenblättrigen Birne. Deren Früchte eignen sich nicht nur hervorragend zum Schnapsbrennen, sondern sehen tatsächlich aus wie kleine Oliven. Denn im Bibelgarten geht es nicht vorrangig darum, dass die Pflanzen biblisch »belegt« sind, sondern der Garten will die Inhalte der Bibel transportieren.

Deshalb dominieren heimische Gewächse, die in Franken gut zurechtkommen, aber dennoch nicht in jedermanns und jederfraus Garten zu finden sind. Die vielen Kräuter, die locker für das Zubereiten der berühmten »Frankfurter Grüne Soße« (ja, Hessen ist diesen fränkischen Gefilden näher, als man denkt) reichen, dürfen übrigens alle verkostet werden. Anders sieht es da sicherlich mit den Früchten des Apfelbaums aus (wie es sich für ein Paradies gehört, gibt es im »Garten Eden der Rhön« natürlich auch einen solchen). Sie wollen ja sicherlich nicht enden wie Adam und Eva.

Michael

→ Bibelgarten Sondheim, Kirchberg 8, 97647 Sondheim v. d. Rhön (gegenüber des ev. Gemeindehauses »Alte Schule«, unterhalb der Kirche St. Michael), www.obere-rhoen-evangelisch.de. Der Bibelgarten ist täglich geöffnet, kostenlos zugänglich und zu jeder Jahreszeit einen Besuch wert. Spenden zum Unterhalt und zur Gartenpflege werden dankbar entgegengenommen. Auch Führungen sind möglich.

Hoch, höher, Kreuzberg

3

Der Staffelberg bei Staffelstein? Das Walberla bei Forchheim? Der Kreuzberg in der Rhön? Sie konkurrieren um den Titel »Heiliger Berg der Franken«. Zugegeben, gute Gründe haben alle drei vorzuweisen. Walberla und Staffelberg besitzen eine Kapelle, der Kreuzberg ein Franziskanerkloster. Und auf alle drei »Heiligen Berge« führen von den umliegenden Gemeinden ausgehende Prozessionen. Doch es kann nur einen geben. Der Kreuzberg in der Rhön hat einfach schlagende Argumente.

Hier befindet sich auf 860 Metern die höchstgelegene Bushaltestelle Frankens. Ein praktischer Umstand, denn nur wenige Schritte entfernt lockt die urige Klosterschänke mit großem Biergarten. Eigenes Quellwasser, Rhöner Braumalz und die bis heute unveränderte Rezeptur machen das Klosterbier besonders süffig. Die Klosterbrauerei ist zugleich die einzige Brauerei, die der Franziskanerorden in Deutschland betreibt. Das alles ist einem Zufall zu verdanken, wenn man einer alten Sage Glauben schenken darf. Denn eigentlich sollte das Kloster an einem anderen Platz entstehen. Man mag es kaum glauben, aber die Steine für den Klosterbau, die eigentlich woanders hingebracht wurden, landeten wie von Geisterhand (oder durch göttliche Fügung) über Nacht plötzlich auf dem Kreuzberg.

Wer die besondere Atmosphäre länger auf sich wirken lassen möchte, dem sei eine Übernachtung im Berggasthof empfohlen. Gerade am späten Abend oder frühen Morgen finden Sie hier Ruhe und Rast, Erholung und Besinnung. Nutzen Sie unbedingt die andächtige Stille und gehen Sie den Kreuzweg vom Kloster hinauf zu den drei steinernen Golgatha-Kreuzen, die die 12. Station des Kreuzwegs darstellen. Spätestens dort oben gibt es keine Zweifel mehr: Hier muss er sein, der »Heilige Berg der Franken«.

Michael

→ Empfehlenswert ist eine Klosterführung. Franziskaner Klosterbetriebe GmbH, Kreuzberg 2, 97653 Bischofsheim, www.kloster-kreuzberg.de.

Auf dem »Heiligen Berg der Franken«: In den frühen Morgen- oder späten Abendstunden herrscht am Kreuzberg eine besondere Atmosphäre.

Weight-Watching in Bad Kissingen

Über viele Jahr reiste der gewichtige Staatsmann, Deutschlands Reichskanzler Bismarck, im Sommer nach Bad Kissingen, um seine lädierte Gesundheit wiederherzustellen. Mit Argusaugen wachte sein gestrenger Leibarzt über die Fortschritte der Kur, die vor allem aus einer strengen Diät bestand, galt doch Bismarcks Übergewicht als Hauptursache seiner diversen Beschwerden. Um das Gewicht präzise zu bestimmen, bestieg der Reichskanzler täglich diesen sehr speziellen Thron. Das Ergebnis der Waage wurde protokolliert und sodann dem neugierigen Redakteur der Bäderzeitung mitgeteilt, der es der interessierten Öffentlichkeit präsentierte. Kann man einen abnahmewilligen Kurgast besser motivieren? Weight-Watching auf Fränkisch!

Bismarck logierte in einer eigens für ihn eingerichteten Wohnung an der Oberen Saline. Die fürstliche Ferienwohnung ist noch weitgehend im Original vorhanden, so auch die spezielle Waage, und kann besichtigt werden. Man erfährt zudem viel über die Entwicklung des Kurorts Bad Kissingen, der über lange Zeit inoffizieller Treffpunkt der Weltpolitik war, und über die Technik der Salzgewinnung, im Dachgeschoss kann man handgefertigtes Spielzeug sowie Kinderbücher aus der Rhön und aller Welt anschauen.

Johannes

→ Museum Obere Saline, Obere Saline 20, 97688 Bad Kissingen, www.badkissingen.de. Ausreichend Parkplätze vorhanden. Schöner noch ist ein Spaziergang entlang der Saale vom Kurpark Bad Kissingen aus oder die Fahrt mit dem »Dampferle«, dem Schraubendampfer, der heute mit Dieselmotor fährt (www.saaleschiffahrtgmbh.de).

Das Kissinger Attentat
Reaktionen in Kissingen
und im Reich

Dieser Platz ist für Sie reserviert!

Es fühlt sich gut an, willkommen zu sein. Willkommen sind Sie überall in Franken, ein Plätzchen aber gibt es, das nur für Sie reserviert ist. – Wo sich dieser Platz befindet? So viel sei verraten: Es handelt sich um einen Ort, an dem ein Attentat auf Bismarck verübt worden ist.

Auflösung auf S. 234

Johannes

Bratwurst-Experimente

5

(Brat-)Wurst ist nicht gleich (Brat-)Wurst. Für einen Franken ist das wahrlich keine neue Erkenntnis. Doch selbst intime Kenner der heimischen Delikatessen werden sich erstaunt die Augen reiben, wenn sie sehen, was in der Metzgerei Freund im unterfränkischen Sommerkahl so alles aus der Wurstküche kommt. Das Metzgermeisterehepaar hat es sich zur Aufgabe gemacht, die alteingesessene Bratwurst ein wenig aufzupimpen und immer wieder neue Sorten zu kreieren. Trüffel-Bratwurst, Gin-Tonic-Bratwurst, Bratapfel-Bratwurst bis hin zur Gummibärchen-Bratwurst – die Einfälle könnten vielfältiger nicht sein und verblüffen immer wieder aufs Neue. Denn: Sie schmecken tatsächlich nach dem, was man erwartet. Seit Dezember 2018 ist der Familienbetrieb sogar Weltrekordhalter mit der größten Wurstauswahl aus eigener Herstellung weltweit. Mittlerweile liegen schon über 150 Sorten Bratwurst in der Auslage. Fertig sind die Freunds damit aber noch lange nicht. Welch Glück für alle, die Langeweile auf dem heimischen Grill fürchten.

Michael

→ Spaghetti-Bratwurst, Gin-Tonic-Bratwurst, Glühwein-Bratwurst, Wildblüten-Honig-Bratwurst, Cranberry-Speck-Bratwurst, Trüffel-Bratwurst – die Theke der Metzgerei Freund ist gefüllt mit Dutzenden Wurst-Variationen. Ein Besuch lohnt sich für alle Fans der fränkischen Wurstküche.

→ Metzgerei Freund, Der Kreativmetzger, Steingasse 3, 63825 Sommerkahl, www.metzgereifreund.com

»Home is where my slaughter-bowl is«

Salz, Pfeffer, Piment, Thymian, Speck, Kraut und Majoran – diese Gewürze braucht es, um ein typisch fränkisches Gericht auf den Tisch zu zaubern, das Fleischeslüste stillt und Vegetarier zur Verzweiflung bringt. Denn hinzu kommt allerlei Schweinernes. Fertig ist das Mise en Place für den alten Brauch des Schlachtschüssel-Essens, der im Frankenland heute noch von zahlreichen Gasthäusern aufrechterhalten wird.

Klassisch kommt die Schlachtschüssel mit Blut- und Leberwurst (dafür die Gewürze), Kesselfleisch, Sauerkraut und Salzkartoffeln daher. Doch jeder hat so seine eigene Variante. In Schweinfurt zum Beispiel wird sie traditionell nicht von Tellern, sondern von langen Holzbrettern direkt auf dem Tisch gegessen. Mancherorts müssen es zwei Klöße sein, um keinen Verrat am schweinernen Kulturgut zu begehen. Anderswo werden Salzkartoffeln gereicht. Oder man schwört auf Brot als »Sättigungsbeilage«, die bei der Schlachtschüssel genauso dringend erforderlich ist wie ein alkoholfreies Radler auf der Getränkekarte. O-Ton eines befreundeten Wirtes: »Wenn du Zähne putzen willst, bring ich dir a Wasser.«

Denn als einzig würdiger Begleiter wird ein frisch gezapftes fränkisches Bier geduldet. »Prost und wohl bekomm's.« Bei einem Fest will schließlich gefeiert werden. Und früher war der Tag der Schlachtschüssel ein Fest, das sich nicht jede Woche, sondern nur einige Male im Jahr wiederholte. Vor der Erfindung der Kühltechnik musste Fleisch, das nicht gleich gegessen wurde, konserviert werden. Der Tag des Schlachtens bot somit eine seltene Gelegenheit, frisches Fleisch zu verzehren, was die Üppigkeit der Schlachtschüssel erklärt. Heute ist das alles einfacher. In der »Schlachtschüsselregion Deutschlands« wird sie zumeist einmal pro Woche frisch serviert.

Ansonsten ist aber alles beim Alten geblieben: Als passendes Oeuvre für das fleischlastige Mittagsgericht wird zunächst die Metzelsuppe kredenzt. Die kräftige Brühe, in der das Kopffleisch gegart wurde, verfeinert mit Brotwürfeln und Majoran, ist der Appetithappen für die Delikatesse, die ohne Umwege direkt auf die Hüften geht. Für diejenigen, die aufgrund des üppigen Schlemmens um ihre Figur fürchten, gibt es in Röslau im Fichtelgebirge die sportliche Lösung. Alle zwölf Monate gilt dort beim Schlachtschüssel-Lauf die Devise: Schlemmen und Trimmen. Für viele andere Franken gilt einmal in der Woche aber vor allem die Devise: »Home is where my slaughter-bowl is«. Einmal dabei gewesen, versteht man, warum Wirtshäuser, in denen die Tradition der Schlachtschüssel noch gelebt wird, wahre Wohlfühlorte für Leib und Seele sind.

Michael

6 Pompeji am Main

Wer immer einmal gerne an den Golf von Neapel gereist wäre, um sich Pompeji anzuschauen, jene vom Vesuv verschüttete und dann wieder ausgegrabene Stadt, der kann auch in Franken fündig werden. König Ludwig I., der große Italienliebhaber, beauftragte Ende der 1830er-Jahre seinen Hofarchitekten Friedrich von Gärtner damit, hoch über dem Mainufer von Aschaffenburg eine Villa zu errichten, wie sie in Pompeji gestanden haben könnte. Gärtner, Spezialist im Nachbau antiker Architektur, wählte die Casa dei Dioscuri zum Vorbild, glücklicherweise aber nahm er zugleich Rücksicht auf die einmalige landschaftliche Lage am Main und spendierte der Villa einen zusätzlichen Aussichtspavillon im ersten Stock. Weil es in Kampanien oft unerträglich heiß wird, verzichteten die Römer oft auf Fenster in den Außenmauern und belüfteten und belichteten die Innenräume stattdessen durch schattige Innenhöfe. Dieses Bauprinzip findet sich auch im Pompejanum. Vom Atrium, dem eleganten Säulenhof, und dem grünen Viridarium können alle Räume erreicht werden. Bei der prächtigen Ausmalung orientierte man sich ebenfalls an den antiken Vorbildern, ohne diese jedoch zwanghaft zu kopieren. So entstand kein genaues Abbild, sondern eine muntere Neuinterpretation antiker Kunst. Treffend ergänzt wird die Villa durch original römische Skulpturen aus Marmor oder Bronze, was die Illusion perfekt macht. Wir sind nach Neapel geflogen, eine solche prachtvolle Villa wie in Aschaffenburg finden Sie in ganz Pompeji nicht. Und vielleicht das Beste für alle, die nicht nur das Fliegen scheuen, sondern auch die Nähe zu Vulkanen: Die Wahrscheinlichkeit, dass ein solcher Aschaffenburg und die Villa unter sich begräbt und Sie als mumifizierte Leiche ausgestellt künftigen Generationen zum Schrecken dienen müssen, ist denkbar gering. Zwar zählte Unterfranken einmal zu den aktivsten Vulkangebieten Mittel-

Italien am Main – das Pompejanum in Aschaffenburg

europas, 100 Vulkane haben hier einst Feuer gespuckt, der letzte Vulkan ist jedoch vor 13 Millionen Jahren erloschen.

Johannes

→ Selbst einen Hauswein gibt es, der Pompejaner wächst am Hang unterhalb der Villa, allerdings ist der Weinberg nicht sehr groß, der Tropfen wird nur zu besonderen Gelegenheiten kredenzt. Wunderschön ist folgender Spaziergang: Stellen Sie Ihr Auto in der Nähe des Pompejanums ab und wandern Sie nach dessen Besuch durch den lauschigen Park mit Aussicht über das Maintal und Schloss Johannisburg Richtung Altstadt, wo man hübsch einkehren kann.

→ Pompejanumstraße 5, 63739 Aschaffenburg, www.schloesser.bayern.de

7 Es lebe die Verfassung!

Mitten auf dem Sonnenberg – könnte es einen passenderen Ort für ein Denkmal geben, das an die Verfassung erinnert? Sonne und Licht, Symbole für Vernunft und Aufklärung, von diesem Geist war König Max I. Joseph von Bayern beseelt, als er 1818 auf viele seiner Rechte verzichtete und seinem Volk eine Verfassung gab »aus Unserem freyen Entschlusse«. Kein Gesetz und keine Steuer konnten fortan ohne die Zustimmung des Landtags beschlossen werden. Hinzu wurden, wenngleich eingeschränkt, neben anderen Rechten die Gewissensfreiheit und die Pressefreiheit garantiert und vom König mit seinem Eid bestätigt.

Die Errichtung und Finanzierung der Gedenksäule wenige Jahre später gehen auf den Adeligen Franz-Erwein Graf von Schönborn-Wiesentheid (1776–1840) zurück, der seit 1813 auf seinem Schloss in Gaibach lebte. In seinem Englischen Garten stellte er die Säule auf, entworfen von seinem Freund Leo von Klenze. Bei der Grundsteinlegung 1821 war Kronprinz Ludwig persönlich anwesend, ebenso bei der Einweihung am 22. August 1828, jetzt als bayerischer König. Weniger feierlich verhielt sich Ludwig I. allerdings, als bei der jährlichen Gedenkfeier 1832 der liberale Würzburger Juraprofessor und Bürgermeister Wilhelm Joseph Behr an der Säule zur Fortentwicklung der Verfassung aufrief. Die Menschen jubelten dem liberalen Mann zu, man hob ihn auf die Schultern und rief: »Der soll unser König sein!« Das gab Ärger! König Ludwig ließ Behr verhaften, enthob ihn des Amtes und klagte ihn wegen staatsverräterischer Umtriebe an, obwohl dieser nachweislich keine Revolution, sondern lediglich Reformen verlangt hatte. Viele Jahre sperrte man den mutigen Rechtsgelehrten ins Gefängnis, ja, man zwang ihn sogar, vor dem Bild des Königs niederzuknien und um Gnade zu bitten. Lässt sich eine schlimmere Erniedrigung denken? Erst 1847 wurde Behr begnadigt.

Und was passierte mit der Konstitutionssäule? Nach dem Eklat 1832 war sie dem bayerischen König plötzlich verdächtig. Abreißen lassen aber konnte er sie nicht, wollte er den Konflikt nicht auf die Spitze treiben. So beschloss er, sie sei künftig kein

Symbol mehr für die Verfassung, sondern nur noch eine touristische Attraktion, zu deren Füßen keine Kundgebungen mehr stattfinden durften. Erst 1978, als die Säule 150 Jahre alt wurde, hielt man wieder eine politische Veranstaltung ab und erinnerte an den Beginn der Demokratisierung Bayerns.

Die Konstitutionssäule in Gaibach

Die Verfassung von 1818 war genau 100 Jahre gültig gewesen, als sie von einer neuen, fortschrittlichen Verfassung abgelöst wurde, welche dann wiederum von den Nazis kassiert wurde. Seit dem 8. Dezember 1946 ist die aktuelle Verfassung des Freistaates in Kraft, die vierte in Bayern. Während viel zu viele Denkmäler siegreiche Schlachten, Kriege und Kriegsherren ehren, steht die Gaibacher Konstitutionssäule für den Sieg des Rechts und der Vernunft über die Willkürherrschaft. Franken kann zu Recht stolz auf diesen Ort sein.

Johannes

→ Die Säule ist ganzjährig frei zugänglich. Parkmöglichkeit bei der Rundkapelle (Staatsstraße 2271) am Rand von Gaibach. Eine Abschrift der Verfassung von 1818 befindet sich bis heute in einem Stein im Inneren. Im Schloss ließ der Graf einen Saal mit Medaillons im klassizistischen Stil ausmalen, welche die Grundsätze der Verfassung darstellen. Der Konstitutionssaal ist ein weiteres Meisterwerk. Erhebend war bei den Augustfeiern der Moment, wenn oben auf der Säule die Flammen eines Feuers aus dem Kandelaber in den Himmel schlugen. Das Licht vertreibt die Dunkelheit.

Das fränkische Quittenparadies

Spricht man von Mainfranken, denkt jeder sofort an süße Reben. Das ist ungerecht! Es gibt noch viele andere Obstsorten, die sich an den Mainufern wohlfühlen, zu ihnen zählen die Quitten. Um den deutschlandweit einzigartigen Quittenlehrpfad zu begehen, müssen Sie nach Astheim fahren. Nur über die Volkacher Mainbrücke hinüber, schon sind Sie dort. Während auf der Südseite der Mainschleife die köstlichsten Trauben heranreifen, gedeihen auf der Nordseite die gelben Aromakünstler auf das Schönste. Und das bereits seit dem 18. Jahrhundert. Die knorrigen Methusalems unter den Quittenbäumen sind die ältesten Deutschlands. Vermutlich wurden die ersten Setzlinge in Paris gezüchtet, in der Chartreuse de Vauvert. Chartreuse – Kartause. Die Kartäuser haben das Leben in Astheim vom 15. bis ins 19. Jahrhundert geprägt, Klosterkirche, Prokuratur und Klostermauern zeugen bis heute davon. Die Obstbautradition wurde auch nach dem Auflassen des Klosters fortgesetzt, schmale Parzellen, die sich vom Maintal zum Vogelsberg hinaufziehen, wurden nun von den Bürgern bestellt. Glücklichen Zufällen ist es zu verdanken, dass die sogenannte Flurbereinigung den Obsthang weitgehend unberührt gelassen hat, sodass man heute parallel zu den Gleisen der historischen Mainschleifenbahn durch den Quittenhain lustwandeln kann. Schön ist die Blütezeit, schöner fast noch der Herbst, wenn die gelben Bälle im grünen Laub leuchten, am schönsten aber vielleicht der Besuch im Quittenladen am Fuße des Lehrpfads. In dem Hofladen gibt es alles, was das Quittenherz begehrt: Quittensaft, Quittengelee, Quittenmarmelade, Quittensenf, Quittenchutney, Quittenverjus, Quittenbalsamicoessig, Quittenlikör, Quittenhoniglikör, Quittensecco, Quittensherry, Quittengeist, Quittengin, Quittenabsinth, Quittenglühpunsch. Und auch das Quittenbrot, eine frühe Form der Schokolade, will probiert sein. Wer will, kann die Köstlichkeiten auf den gemütlichen Bänken vor dem leuchtend gelbsten aller fränkischen Läden gleich probieren.

Johannes

→ Der Quittenladen von Dieter Wolfahrt, Am Kloster 24, 97332 Volkach OT Astheim, www.derquittenladen.de. Parkmöglichkeiten vor dem Haus. An vielen Wochenenden fährt die Mainschleifenbahn von Volkach/Astheim, www.mainschleifenbahn.de.

9 Der Lump!

Ob Ludwig aufgeregt gewesen ist? Mit seinen gerade mal sechs Jahren? Damals, in Forchheim? Immerhin passiert es nicht oft, dass man ein Kind zum König krönt. Ludwig das Kind, diesen Namen sollte der Kleine während seiner ganzen Regentschaft tragen. Einer von ihm unterschriebenen Urkunde verdanken wir die Ersterwähnung einer der besten Weinlagen der Welt, den Lump. Ob Ludwig gewusst hat, welche Trauben dort reiften? Allein schon die Lage des Lumps ist fantastisch. Der Main, der bewegliche, schlägt einen malerischen Bogen um den Vogelsberg, legt sich zu einer Schleife, auf deren südlicher Seite die Sonne wie in einen Hohlspiegel fällt, der noch den kleinsten Strahl einfängt. Steil, sehr steil geht es von Escherndorf hinauf, wer aber oben auf der Vogelsburg steht, am alten Kloster der Karmeliten, die sich 1282 an dem Ausguck über der Mainschleife angesiedelt haben, der kommt aus dem Staunen nicht mehr heraus. Die Trauben

entwickeln auch durch den Muschelkalk einzigartige Aromen. Kein Geringerer als die erfahrene Weinnase Johann Wolfgang von Goethe ließ sich regelmäßig eine Sendung nach Weimar liefern. Sein Sohn August schreibt: »Der uns bis jetzt von Euer Hochwohlgeboren übersendete Escherndorfer 1798er Wein hat den Beifall meines Vaters erworben ... Vorderhand ersuche ich Euer Hochwohlgeboren, uns abermals ein Zweieimerfass von besagtem Escherndorfer 1798er Wein baldigst zu übersenden.« Und er ermahnt den Schweinfurter Weinhändler zugleich, auf jeden Zusatz zu verzichten, denn Papa Goethe liebe die natürliche Farbe des Lumps. Ein Goethe kann sich nicht irren. Bis heute zählt der Lump zu den Klassikern, der jede Menge Preise einheimst. Sogar zum Weltmeister hat er es schon gebracht, nicht nur der Silvaner, der sich in Franken von jeher heimisch fühlt, auch der Riesling stand schon oben auf dem Treppchen. Unbedingt probieren!

Goethe liebte nicht nur den Lump, er liebte auch andere Frankenweine, den Würzburger Stein oder die Tropfen aus Dettelbach, selbst zur Kur nach Karlsbad ließ er sich einen Eimer schicken. Vor Nachahmung allerdings wird gewarnt! Sollten Sie selbst auf Kur gehen, fragen Sie zunächst nach der Hausordnung der Klinik. Ein Eimer enthielt 60 Liter Wein. Da könnte die Krankenkasse protestieren.

Ohne einen Tropfen Essig in den Lump schütten zu wollen, am Ende noch der Hinweis, dass Ludwig das Kind wenig Freude am Weingenuss gehabt haben dürfte. Er hatte gerade erst seinen 18. Geburtstag gefeiert, als er sich von dieser schönen Welt schon verabschieden musste.

Johannes

→ Besucht man die Vogelsburg, liegen einem Nordheim, Escherndorf und der Lump zu Füßen. In dem alten Kloster lässt sich's wunderbar einkehren (www.vogelsburg-volkach.de). Wer die Vogelsburg noch nicht kennt, einfach auf den Umschlag des Buches schauen. Wanderer durch die Weinberge können natürlich auch im Tal starten, in Escherndorf oder in Nordheim, um mit der Fähre überzusetzen. Vorsicht, wenn man beim Schoppen sitzt! Letzte Fahrt notieren!

10 Der Mittelpunkt der EU

Die Europäische Union ist ein höchst dynamischer Staatenbund, dynamisch ist deshalb auch sein Mittelpunkt, munter wanderte er in den letzten Jahrzehnten über die europäische Landkarte. Schneidet man die EU aus einem Karton aus und legt diesen so auf eine Nadel, dass sich die Karte im Gleichgewicht befindet, zeigte die Nadelspitze 1995 und 2004 auf den kleinen Ort Viroinval in Belgien. Als man die Union am 1. Mai 2004 nach Osten erweiterte, musste man die Nadelspitze über den Rhein spazieren lassen und platzierte sie bei Kleinmaischeid bei Neuwied, wo man stolz einen Gedenkstein in Zirkelform setzte. Diesem von den Franzosen ermittelten Ort aber widersprachen Wissenschaftler der Uni Bonn, welche den Kaschubenweg in Cölbe als Mittelpunkt bestimmten, der flugs mit einer Blechtafel versehen wurde. Am 31. Dezember 2006 aber drohte die schwebende Karte erneut aus dem Gleichgewicht zu geraten, die nächste Osterweiterung verschob das Herz der EU ins hessische Gelnhausen. Drei Tonnen bringt der dortige Gedenkstein auf die Waage, befüllt wurde er mit Erde aller Mitgliedstaaten. Dann kam 2013 Kroatien hinzu, nun wanderte das Zentrum der EU erstmals nach Franken, nach Oberwestern bei Aschaffenburg, eine wacklige Angelegenheit, denn mit dem Beitritt von Mayotte, eines französischen Übersee-Départements, ging es einen halben Kilometer zurück nach Westen. Dort wäre das Zentrum der Europäischen Union heute noch zu bewundern und Oberwestern in dieses Buch aufgenommen worden, wenn, ja wenn nicht Boris Johnson und der Brexit dazwischen gekommen wären … So ist seit dem 31. Januar 2020 Gadheim der neue Mittelpunkt der EU.

Die Gadheimer haben sich alle Mühe gemacht, den besonderen Ort hübsch zu gestalten. Weit geht der Blick von der Anhöhe über die Felder, man hat eigens Blühwiesen angelegt, um Bienen anzulocken und zu zeigen, dass Europas Zukunft auch mehr Raum und Rechte für die Natur bedeuten muss.

Ob die Gadheimer Nadel lange Bestand haben wird? Man wird sehen. Franken jedenfalls ist spätestens seit dem Mittelalter ein würdiges europäisches Zentrum, die fränkischen Gren-

Die Gadheimer Nadel, Mittelpunkt der EU – aber wie lange?

zen waren immer offen, viele Handelsstraßen durchzogen das Land. Abschottung ist etwas für andere. Franken bedeutet nicht umsonst die Freien, offen und frei, so wünschen wir uns auch Europa, das große Friedenswerk. Und wenn der Mittelpunkt weiterwandern sollte? Kein Problem! Aber bitte das nächste Mal nicht durch einen Exit, sondern durch einen Beitritt bitte schön!

Johannes

11 Wald aus einer völlig neuen Perspektive

Den Nachwuchs für einen Ausflug in die Natur zu begeistern, kann mitunter eine echte Herkulesaufgabe sein. Aber Rettung naht. Denn mit einem normalen Waldspaziergang hat ein Besuch des Baumwipfelpfads Steigerwald in etwa genauso viel zu tun wie ein Franke mit einem Bayer.

Überwiegend aus Holz gebaut, schlängelt sich der mehr als einen Kilometer lange Pfad durch die laubholzreichen Wälder des Ebracher Forstes bis hoch über die Baumkronen. Die Bäume sind dabei zum Greifen nah. Herzstück ist der sich nach oben öffnende kelchförmige Holzturm. Oben angekommen, bietet sich aus luftigen 42 Metern Höhe ein atemberaubender Rundblick in die waldreiche Landschaft des Steigerwaldes. Nehmen

Sie sich unbedingt einen Augenblick (oder besser zwei) und lassen Sie Ihren Blick schweifen.

Ein ganz besonderes Erlebnis ist es, in den frühen Morgenstunden den Sonnenaufgang über den Wipfeln zu erleben. Immer wieder hat der Baumwipfelpfad Steigerwald bereits ab 7 Uhr geöffnet. Der Lohn für die Frühaufsteher: eine einzigartige Stimmung, wenn die Natur erwacht und die Morgensonne den Wald in besonderem Licht leuchten lässt.

Den Nachwuchs zieht mit Sicherheit die Falknereivorführung in ihren Bann. Auch sonst gibt es viele Tiere zu bestaunen. Auf dem Baumwipfelpfad kann man verschiedenen Vögeln bei der Aufzucht ihrer Jungen zuschauen oder den Hirschen beim Röhren zuhören. Und im begehbaren Wildgehege lassen sich Sika-Hirsche, Muffel und Wildschafe aus der Nähe betrachten.

Erlebnisstationen auf abzweigenden Wegen und sogar eine eigene »Wipfel-App« mit Quizfragen, Spielen und Augmented Reality sind ein Spaß für Junge und Junggebliebene. Im Streichelwald neben einem großen Spiel- und Brotzeitplatz im Ausgangsbereich kann der Besuch nach Belieben ausklingen. Da werden auch die größten »Couch Potatoes« zu echten Frischluftfanatikern. Nur Ihre Höhenangst sollten Sie besser daheim lassen.

Michael

→ Baumwipfelpfad Steigerwald, Radstein 2, 96157 Ebrach, www.baumwipfelpfadsteigerwald.de. Der Baumwipfelpfad Steigerwald hat ganzjährig geöffnet (Sommer 9 bis 18 Uhr, Winter Donnerstag bis Sonntag 10 bis 16 Uhr). Er ist rollstuhlgerecht und familienfreundlich. Erwachsene zahlen 10 Euro, Kinder von 6 bis 15 Jahren 6,50 Euro, Familienticket 22 Euro. Auch Führungen werden angeboten.

12 Das Raumwunder von Kloster Ebrach

Dass Wildschweine keine Scheu vor Menschen haben, bewies unlängst im Berliner Grunewald eine Sau, die einem Nacktbader die Tasche mit dem Laptop klaute. Ein ähnlich kleptomanisch veranlagter Eber muss in den Wäldern bei Ebrach gehaust haben. Als die Brüder Berno und Richwin, fränkische Edelfreie, das Tal der Ebrach durchstreiften auf der Suche nach einem passenden Baugrund für ein Kloster, entriss ihnen der Keiler den Abtsstab. Mit lautem Geschrei liefen ihm die Mönche hinterher, worauf er den Stab schließlich fallen ließ und das Weite suchte. Dieses Ereignis erschien den frommen Männern als himmlisches Zeichen. An der Stelle, an der sie den Abtsstab wiederfanden, ließen sie das Zisterzienserkloster erbauen, das erste auf der östlichen Seite des Rheins. Der Platz war gut gewählt. Die Zisterzienser bevorzugten abgelegene, naturnahe Orte, stille Täler waren ihre Lieblingsplätze. Unter Abt Adam, einem engen Vertrauten von Bernhard von Clairvaux, wurde 1127 das Waldstück gerodet und ein erstes bescheidenes Kloster für zwölf Mönche errichtet. Die Zisterzienser waren fleißige Leute, erfahrene Landwirte und geschickte Handwerker, das Kloster wuchs und gedieh, schon bald wurde eine neue, eine größere Kirche gebraucht. Think big! Dieses Motto nahm sich die Ebracher Abtei zu Herzen, sie errichtete »den großartigsten frühgotischen Bau, den Deutschland hervorgebracht hat«, wie Georg Dehio, der bekannte Kunstgeschichtler, schreibt, 88 Meter lang, fast 50 Meter breit, dabei nach einem mathematischen Bauplan, der mit seiner antiken Planimetrie bereits die Formensprache der Hochgotik vorwegnahm. Ein architektonisches Wunder. Umso härter urteilt Dehio, der große Freund der Gotik, über die in der Barockzeit eingefügten Stuckarbeiten, welche den Kirchenraum »ästhetisch vernichtet« hätten. Wir können uns dieser Kritik nicht anschließen. Mit viel Feingefühl und Achtung vor der Historie hat Materno Bossi (1737–1802) den Innenraum im frühklassizistischen Stil überformt. Aus der Lombardei kommend, fand Bossi am Hof des Würzburger Fürstbischofs Anstellung, half bei der Stuckierung

des großartigen Treppenhauses der Residenz, auch die Kirche des Juliusspitals und des Käppeles ist ihm zu verdanken. Die dreischiffige Basilika hat noch viele weitere architektonische Besonderheiten, die Sakristei mit dem Pfingstwunder, das schmiedeeiserne Rokokogitter, die gotische Fensterrose … Am schönsten genießt man die Klosterkirche, wenn man sich auf einer der hinteren Bänke niederlässt. Dabei darf man ruhig den Ebracher Eber ins Dankgebet miteinschließen. Man sollte vielleicht häufiger auf die Kreatur hören. Ob die Berliner allerdings überlegen, an der Stelle, an der das diebische Wildschwein die Tasche mit dem nudistischen Laptop hat fallen lassen, ebenfalls eine Kirche zu errichten, ist uns leider nicht bekannt.

Johannes

→ Man findet vor dem Kloster bequem einen Parkplatz. Der größte Teil des Klosters ist nicht frei zugänglich, weil als Justizvollzugsanstalt genutzt. Lohnend ist es, einen Blick in das Programm des Ebracher Musiksommers zu werfen: www.ebracher-musiksommer.de.

13 Es raschelt die Mühle am rauschenden Bach …

Mühlen klappern natürlich, diese Mühle aber kann zugleich rascheln, ist sie doch eine Papiermühle, und zwar nicht irgendeine, sondern die wahrscheinlich schönste der Welt. Zwei Eigenschaften muss ein Bach besitzen, wenn er eine Papiermühle antreiben will: Er darf nie versiegen, weder in trockenen Sommern noch in eiskalten Wintern, und sein Wasser muss so klar sein, dass es zur Papierherstellung taugt. Und man braucht reichlich Wasser, wenn man Papier machen will, Wasser und genügend Faserrohstoff, welcher im Jahr 1806, als Müller Leonhard Leinziger seine

Beeindruckendes Gebäude aus dem Jahr 1807: die Papiermühle Homburg mit Walmdach

Mühle in Windheim aufgrund des unzuverlässigen Windheimer Baches abbaute und nach Homburg an den Bischbach verlegte, hauptsächlich Hader gewesen ist, alte Stoffreste aus Baumwolle, Hanf oder Leinen. Die Lumpensammler hatten damals viel zu tun, im Großherzogtum Würzburg wurden immer größere Mengen an Papier benötigt, man beklagte gar die Vielschreiber aller Art. Wie kostbar Papier einmal gewesen ist! Jeder bemühte sich, so klein wie möglich zu schreiben, wenn nötig, den Rand entlang. Dennoch stieg die Zahl der Papiermühlen im Großherzogtum bald auf zehn. Die alten Lumpen wurden zerkleinert, mit Wasser gewaschen und zu einem Faserbrei aufgeweicht, das Papier hinterher handgeschöpft, heute eine Kostbarkeit, die man auch zur Restauration historischer Schriften benötigt. Wofür aber brauchte es die Mühle? Nun, die Mühlsteine mussten die zerkleinerten Fasern möglichst fein mahlen, je feiner, desto wertvoller das Papier. Die fertigen Bögen wurden meist von Kinderhand auf dem Speicher zum Trocknen auf die Leine gehängt, durch Lüftungsklappen zog der Wind hindurch, raschelnd trocknete das Papier.

Mit dem zunehmenden Aufkommen von Zellulose als Rohstoff begannen für die Homburger Mühle schwerere Zeiten. Rechtzeitig spezialisierte man sich auf Pappe, insbesondere auf Aktendeckel. Bis ins Jahr 1975 wurde in Homburg produziert, fränkische Aktendeckel finden sich in der ganzen Welt.

Glücklicherweise rettete man die Mühle vor dem Verfall, machte ein sehenswertes Museum daraus, in dem Maschinen-, Arbeits- und Wohnräume besichtigt werden können. Bis heute schöpft ein Spross der Familie edelstes Papier, das besonders von Künstlern sehr geschätzt wird. Gerne darf man den Papiermachern über die Schultern schauen oder sich selbst einmal in dieser Kunst versuchen. Ein altes Handwerk, das immer noch fasziniert, genauso wie das schöne Fachwerkgebäude, ein zweigeschossiger Zweiflügelbau, dessen Hauptgebäude mit einem seltenen dreistufigen Walmdach ausgestattet ist.

Johannes

→ Gartenstraße 11, 97855 Triefenstein-Homburg, www.papiermuehle-homburg.de

14 Hilfe bei Liebeskummer

Liebeskummer, wer bliebe von ihm verschont? Niemand ist vor ihm sicher, er brennt schlimmer als die heftigste Brandblase, schmerzt grausamer als ein Tritt in einen rostigen Nagel. Liebeskummer kann jeden treffen, vom Kindergarten bis ins Altersheim, niemand ist vor ihm sicher. Viele Rezepte werden empfohlen, ihn zu heilen, die meisten allerdings taugen nicht viel.

Tatsächlich heilend wirksam ist nur eine Wallfahrt nach Würzburg, der Besuch des lauschigen Lusamgärtchens im Schatten des Kiliansdomes. Im ehemaligen Kreuzgang des spätromanischen Neumünsterstifts steht ein schlichter Grabstein, zu dem man seinen Kummer tragen soll. Merkwürdig sind die kleinen, schalenartigen Vertiefungen, in denen sich das Regenwasser fängt. So wird das Grab zur Vogeltränke, durch verstreute Körner der Besucher zudem zur Vogelweide. Walther von der Vogelweide liegt hier begraben, so heißt es zumindest, ist der bedeutendste deutsche Lyriker des Mittelalters doch schon vor an die 900 Jahren verstorben, was die Quellenlage schwierig macht. Warum hilft der Besuch von Walthers Grab gegen den Liebeskummer? Hat er nicht gedichtet:

Wer gab dir Minne, die Gewalt,
daß du ganz allmächtig bist?
Du siegtest über jung und alt
Und gegen dich hilft keine List.

Gegen die Minne, die Liebe, hilft keine List, wohl aber gegen den Liebeskummer. Nur auf nach Würzburg ins lauschige Lusamgärtchen und all den Schmerz Walther gebeichtet, getröstet und mit leichterem Herzen wird man wieder von dannen ziehen. Garantiert! Und bald wird man wieder wie Walther von der Vogelweide singen:

Ich kam gegangen
Zu der Aue,
da schon mein Trauter kommen hin.
Da ward ich empfangen,
hehre Fraue,
dass ich noch immer selig bin.
Küsst er mich? Wohl tausend Stund.
Tandaradei!
Seht, wie rot ist mir der Mund!

Johannes

→ Das Lusamgärtchen ist üblicherweise von 6 bis 18.30 Uhr geöffnet. Der Eingang ist in der Martinstraße 4.

Ratskeller

Die Tugenden des wahren Franken

15

Hoch über dem Vierröhrenbrunnen, den der geniale Baumeister Balthasar Neumann für die Wasserversorgung Würzburgs gebaut hat, steht die Beschützerin des Frankenlandes, die Franconia, geschaffen von dem großen fränkischen Bildhauer J. P. Wagner. Umgeben ist die wehrhafte Dame von den vier Kardinaltugenden: Temperantia (die Mäßigung), Fortitudo (die Tapferkeit), Iustitia (die Gerechtigkeit) und Prudentia (die Klugheit). Tapfer, mäßig, gerecht und klug: Da muss manch Fußballfan seufzend an den Club denken: Er kämpft oft tapfer, spielt aber oft nur mäßig und gerechterweise muss man oft sagen, es wäre klüger gewesen, zu Hause geblieben zu sein.

Johannes

→ Der Vierröhrenbrunnen befindet sich nahe Dom und Alter Mainbrücke am Grafeneckart in der Fußgängerzone von Würzburg.

Frankenland, Fahrradland

»Ich möchte zur schönen Sommerszeit durchs Land der Franken radeln!« – Auch so könnte eine Strophe des beliebten Frankenlieds von Victor von Scheffel klingen. Nicht nur für Wanderer, auch für Pedalritter ist Franken ein Paradies. Die abwechslungsreichsten Routen warten auf Sie. Wollen Sie unsere persönliche Hitparade hören?

1) Der Taubertalradweg: Lieblich schwingt er sich durch naturnahe Uferwälder.
2) Auf den Treidelpfaden des Ludwigskanals: Kein Auto wird Sie stören.
3) Durchs Altmühltal: Vorbei an romantischen Kreidefelsen, schöner geht's nur mit dem Kanu.
4) Der Mainradweg: Kultur pur, nicht nur für Freunde des Rebensaftes.
5) Von Fürth nach Nürnberg die Pegnitz entlang: grün und lebendig.

Johannes

Röntgenstrahlen 16

Weihnachtskarten gibt es viele, die vielleicht seltsamste aller Weihnachtskarten aber wurde von einem jungen Würzburger Wissenschaftler verschickt, von Wilhelm Conrad Röntgen. Statt Weihnachtsengel, einer verschneiten Winterlandschaft oder des Bilds der Heiligen Familie zeigte sie die Knochenhand seiner Frau Anna Bertha. Mit Ehering. Geschossen hatte Röntgen die Aufnahme im November 1895, kurz nachdem er die Wirkung der geheimnisvollen Strahlen entdeckt hatte, die seither (und gegen seinen testamentarischen Willen) seinen Namen tragen. Den Nobelpreis schenkte der Menschenfreund seiner Würzburger Uni. Als Dank dafür, dass sie ihn auch ohne Abitur hatte forschen lassen.

Johannes

→ Zwei sehenswerte Ausstellungen locken: die Röntgen-Gedächtnisstätte Würzburg (Röntgenring 8, 97070 Würzburg, www.wilhelmconradroentgen.de) und das MedMuseum der Firma Siemens in Erlangen (Gebbertstraße 1, 91052 Erlangen, www.medmuseum.siemens-healthineers.de).

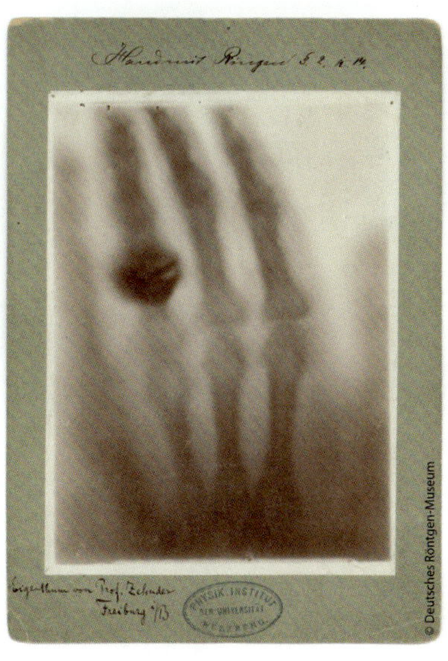

© Deutsches Röntgen-Museum

17 Die Choreografie der Weinlese am Würzburger Stein

Mit dem Einsetzen der Dämmerung ist es vorbei mit der morgendlichen Ruhe am Mittelhang des Würzburger Steins. Hoch über den Dächern der Stadt beginnt die Lesemannschaft einer einstudierten Choreografie folgend mit ihrer Arbeit an Frankens berühmtester Weinbaulage, die sich muschelförmig am Main entlangzieht. Routiniert schwärmen die Helfer in kleinen Gruppen aus in die bis zu 100 Meter langen und teilweise sehr steilen Reihen, wo die Weinstöcke stehen. Mit geübtem Schnitt und wachem Blick schneiden sie Traube um Traube vom Stock, sortieren überreife Beeren oder Kümmertriebe aus.

Sauber und gewissenhaft zu arbeiten ist dabei das A und O. In den Eimern und später in den Flaschen landen nur die Früchte, die der Kellermeister des Weinguts Juliusspital unten im Talkessel geordert hat. In den Gassen warten bereits die Schlepper –

kleine Traktoren, die die Trauben an den Fuß des Weinbergs fahren und die wertvolle Fracht in den bereitgestellten Hänger kippen. Schon geht es auf direktem Weg in die Kellerei, wo die Trauben noch am Tag der Ernte zu Saft werden. Aber was heißt schon Saft. Vergoren werden sie zu einem besonders edlen Riesling oder Silvaner.

Denn die Trauben wachsen nicht irgendwo, sondern an einem echten »Wohlfühlort«: Der Würzburger Stein ist ein besonderes Plätzchen, ausgerichtet nach Süden, geschützt vor Winden. Das macht sich nicht nur im Glas bemerkbar. Auch für einen Spaziergang ist eine der berühmtesten Weinlagen Deutschlands immer ein lohnendes Ziel. Der Panorama-Rundweg »Stein-Wein-Pfad« bietet einen fantastischen Ausblick. Auf seinen rund vier Kilometern lernt man zudem allerlei Wissenswertes rund um Weinbau und Co.

Wer sich selbst auf diesem herrlichen Stückchen Erde davon überzeugen möchte, dem sei ein Besuch Ende September bis Mitte Oktober empfohlen. Denn wenn in den kühleren Spätsommernächten der Reifungsprozess stattfindet, der die edlen Tropfen entstehen lässt, die es nur in unseren fränkischen Breitengraden gibt, beginnt die Hauptlese. Genießen Sie den Blick auf die erwachende Stadt im Talkessel, bewundern Sie die Arbeit der Lesemannschaft, probieren Sie am besten direkt dort oben einen Schluck und denken Sie dabei an die Worte von Johann Wolfgang von Goethe, der über den Wein vom Würzburger Stein einst zu Papier brachte: »Ich bin verdrießlich, wenn mir mein gewohnter Lieblingstrank abgeht.«

Michael

→ Das Weingut Juliusspital in Würzburg ist das zweitgrößte Weingut Deutschlands. Laut Wirtschaftsmagazin »Financial Times« gehört es zu den 100 besten Weingütern der Welt. Weingut Juliusspital, Klinikstraße 1, 97070 Würzburg, www.juliusspital-weingut.de.

→ www.wuerzburger-steinweinpfad.de

18 Ein Schoppen auf der Alten Mainbrücke

Seit 1990 gehört die Alte Mainbrücke den Flaneuren, seitdem kann man die Schönheit der Brücke in Ruhe bewundern, den Blick über Main und Weinhänge, aufs Käppele und die Festung Marienberg. Besorgen Sie sich einen Schoppen Frankenwein in einer der nahen Schänken, treten Sie auf die Brücke und lassen Sie die Abendsonne durch Ihr Glas fallen. Dazu erzählen wir Ihnen etwas über die Geschichte der Alten Mainbrücke. Die Vorläuferin wurde bereits 1120 errichtet, nachdem man sich zuvor nasse Füße geholt hatte, um durch eine Furt zu waten. Die erste Mainbrücke hatte es nicht leicht. Sie musste heftigen Hochwassern trotzen und ständig knallten Stämme aus den fränkischen Wäldern gegen die Pfeiler, die Holländer hatten das Holz für ihre Schiffe bestellt und für ihren sumpfigen Grund. Dem war die Brücke nicht gewachsen, eine neue Alte Mainbrücke wurde notwendig, 1488 war das Prachtstück fertig. Eine Vielzahl von

Buden säumte ihr Brückengeländer, eine mittelalterliche Shoppingmall. Auf den Pfeilerkanzeln stellte man hohe Steinfiguren auf, von denen die vielleicht wichtigste der heilige Kilian ist, dessen Dom den optischen Abschluss der Brückenstraße bildet. Kilian, der alte Ire, trägt ein Schwert, weil er einem solchen zum Opfer gefallen ist. Eine Frau soll schuld daran gewesen sein, Gailana. Die junge Witwe wollte den Bruder ihres Mannes heiraten, den fränkischen Herzog Gosberg, was ihr Kilian unter Berufung auf christliche Bräuche verbat. Das nahm ihm Gailana krumm, zugleich ließ sie Totnan und Kolonat, die beiden irischen Gefährten Kilians, ermorden, um 689 ist das gewesen. Man sieht: Die katholische Sexuallehre war immer schon heiß umstritten. Doch solch blutige Geschichten soll Ihnen die Freude am Brückenerlebnis nicht mindern. Genießen Sie den einzigartigen Ort!

Johannes

→ Zum Wein eignen sich gut ein paar Kräcker, die Sie sich zuvor in der Stadt besorgen. Einen Schoppen erhalten Sie im Ausschank direkt an der Brücke.

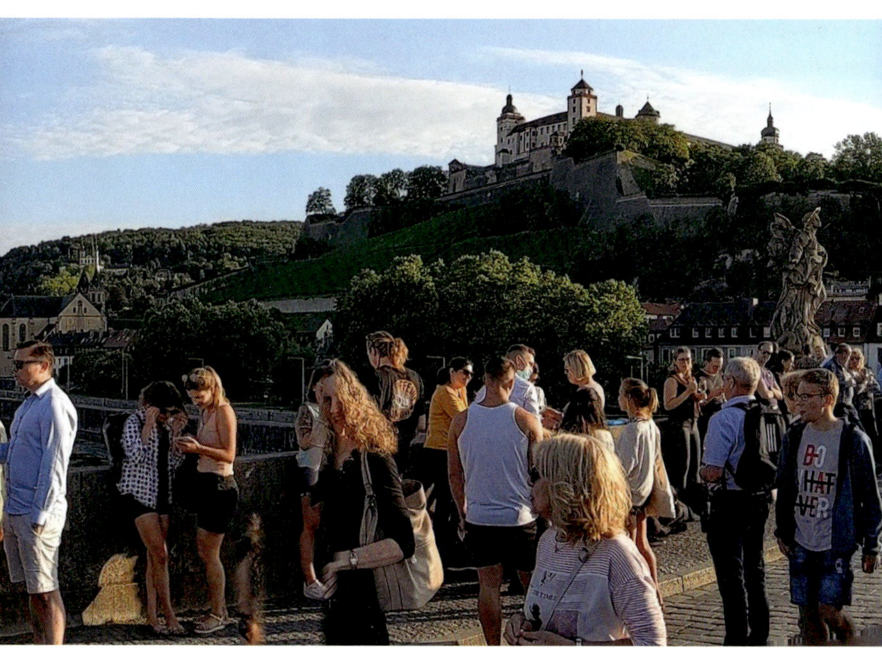

19 Morgenmuffel

Trauben über Trauben! Welcher Weintrinker bekommt keine leuchtenden Augen, erblickt er die prallen Hänge am Main. Doch nicht nur der Saft der Reben bringt Segen, auch ihre Kerne stecken voller Überraschungen. Den Wert des Traubenkernöls kannten schon die alten Griechen, im Mittelalter entwickelte Hildegard von Bingen kostbare Heilmittel daraus. Dieses Wissen wurde von einer fränkischen Krankenschwester wiederentdeckt. Als die Gesichtshaut von Mariannes Tochter immer wunder wurde, stellte sie eine Salbe auf der Basis von Traubenkernöl her. Der Anfang für ein segensreiches Unternehmen war gemacht: »Mari & Anne«. Mittlerweile gibt es eine ganze Produktreihe natürlicher Kosmetika, hübsch verpackt, ganz ohne anfallenden Müll, unter Mithilfe der Mainfränkischen Werkstätten Kitzingen, in welchen Menschen beweisen, dass sie trotz ihrer Behinderungen qualitätvolle Arbeit leisten. Wie wäre es mit dem Lippenbalsam »Kussecht«? Oder der Gesichtsseife »Goldstück«? Oder mit dem Deo »Morgenmuffel?« Duftet wunderbar!

Johannes

→ Die Produkte werden von Kitzingen aus direkt vertrieben: www.mariundanne.com.

Net auf

Reist man als Nicht-Franke durchs schöne Frankenland, trifft man mitunter auf etwas seltsame Hinweisschilder. Der Inhaber dieses Ladens in Iphofen möchte Ihnen mit dem angebrachten Schild höflich mitteilen, dass Sie sein Geschäft im Moment leider nicht betreten können, weil Sie außerhalb der Öffnungszeiten anklopfen, dass er sich aber sehr freuen würde, Sie sobald wie möglich als Kunden begrüßen zu dürfen.

Johannes

20 Ein lehrreicher Spaziergang mit Aussicht

Schauen Sie regelmäßig Quizsendungen im Fernsehen? Nicht nur dann sollten Sie unbedingt einen Ausflug zum Geo-Ökologischen Lehrpfad in Iphofen machen. Hoch über der bekannten Weinbaustadt im Landkreis Kitzingen verläuft zwischen Weinreben und Schwanberg dieser besondere Spazierweg. Die 1,4 Kilometer lange Entdeckungsreise genau zwischen Wald und Weinberg bietet einen beeindruckenden Ausblick auf das fränkische Weinland sowie unterhaltsame und lehrreiche Einblicke in die Einzigartigkeit der Landschaft. 14 Informationstafeln sorgen für allerlei Wissen rund um Wein, Berg und Ökologie. Nur für Weib und Gesang müssten Sie noch selbst sorgen. Wenn Sie bei Ihrer Holden (oder natürlich Ihrem Holden) Freudengesänge auslösen möchten, machen Sie unbedingt einen Abstecher zur

sogenannten »Grotte«. Anders als sich bei diesem Namen vielleicht vermuten lässt, reicht der Blick, der sich von dieser Aussichtsterrasse eröffnet, bei klarem Wetter bis in den Spessart und in die Rhön. Sagenhaft.

Apropos: Der etwa 30-minütige Spaziergang liefert übrigens auch die Antwort auf die Frage, wer der »Höttehött« war und macht Sie damit vielleicht sogar zum Millionär, wenn diese Frage in einer Quizsendung auftaucht. War er a) ein »Waldgeist« aus früheren Zeiten und die Hauptfigur einer alten Sage, b) der Spitzname des ersten Bürgermeisters von Iphofen oder c) ein besonders schlechter Weinjahrgang? Finden Sie es heraus.

Michael

→ Starten Sie am Parkplatz am Geschichtsweinberg (Schwanberg, 97346 Iphofen).

Unser Dank gilt …

Walter Plachetta für die Aufnahmen von den Uelfelder Störchen
Christina Falkenberg und dem Deutschen Röntgen-Museum (Remscheid)
Karl Heigold und der Flughistorischen Forschungsgemeinschaft Gustav Weisskopf
Norbert Strauß und dem ganzen Team der Metzgerei Lang (Maria-Gebbert-Straße 3, 91080 Uttenreuth)
Werner Sörgel und Gabriele Fleischmann vom Urzeitbahnhof Hartmannshof

Johannes bedankt sich besonders bei seiner Frau Sieglinde für die liebevolle Begleitung auf zahlreichen Ausflügen, bei Jonas für die Entdeckungstouren durch die Natur und seine Fürther Fotos, bei Sophia und Julia für die vielen guten Ideen und Ratschläge und das Foto vom Morgenmuffel.

Michael bedankt sich besonders bei seiner Frau Lisa und seiner Tochter Lotta, die mit ihm für dieses Buch einmal mehr das schöne Franken unsicher gemacht haben, bei Dorothee und Katharina Hopfengärtner für die Fotos von der gemeinsamen Wanderung rund ums »Walberla«, bei Carina Dürrler fürs phänomenale fotografische Festhalten der Hochzeits-Momente (nicht nur) im Gwächshaus und bei seinem Trauzeugen Stefan sowie Dominik, Johannes, Michi und Sebastian für die einmalige Bierquellen-Wanderung.

Auflösung von S. 200:

In Bad Kissingen, Bismarcks Lieblingskurort, kam es 1874 zu einem Zwischenfall. Ein Böttchergeselle feuerte zweimal auf den Reichskanzler, traf zum Glück jedoch nur dessen Hand.

Register

A

Adelsdorf 91
Albrecht Dürer Airport Nürnberg 141
Altdorf 135
Alte Mainbrücke Würzburg 230
Alter Jüdischer Friedhof Fürth 167
Bamberger Süßholz-Gesellschaft 65
Ansbach 180
Ansbacher Hofgarten 180
Aschaffenburg 204
Astheim 210
Autobahnkirche St. Christophorus Himmelkron 42

B

Bad Alexandersbad 51
Bad Kissingen 198
Bad Staffelstein 34
Bad Steben 22
Bamberg 57, 58, 60, 62, 64
Baumwipfelpfad Steigerwald 216
Bayreuth 52, 55
Bergwaldtheater Weißenburg 189
Besucherbergwerk St.-Veit-Zeche 39
Bibelgarten Sondheim 194
Bierquellen-Wanderweg 72
Blaue Grotte 66
Blumenfest (Röthenbach an der Pegnitz) 131
Botanischer Garten (Erlangen) 104
Brombachsee 185
Büchenbach 72
Burgebrach 69
Bürgermeistergarten 149
Buttenheim 77

C

Cadolzburg 172
Christkindlesmarkt 154
Coburg 31

D

Debring 66
Dehnberg 126
Dehnberger Hof Theater 126
Drehorgelbau 183
Deutsch-Deutsches Museum Mödlareuth 19
Deutsches Flugpionier-Museum Gustav Weisskopf 178
Diepersdorf 123
Dinkelsbühl 183
Drei-Franken-Stein 13

E

Ebrach 217
Eckersdorf 53
Entla's Keller 97

Eremitage 55
Erika-Fuchs-Haus, Museum für Comic und Sprachkunst 35
Erlangen 96, 98, 99, 101, 103, 104, 106
Escherndorf 212

F

Fernsehturm Nürnberg 142
Fichtelgebirge 50
Fichtelsee 49
Fladungen 193
Franconia 225
Frankenwald 25
Fränkische Schweiz 72
Freizeitpark »Villeneuve-sur-Lot« 27
Fürth 164, 168, 170
Fürther Stadtpark 165

G

Gadheim 214
Gaibach 206
Galerie im Bonifatiusturm 132
Geo-Ökologischer Lehrpfad 234
Glatzenstein 117
Gonnersdorf 172
Großer Lochstein 79

H

Hainbad 62
Happurg 122
Heilig-Geist-Spital 150
Heilsbronn 179
Hersbruck 119, 120
Himmelkron 44, 45
Hof 16
Hohler Fels 122
Höllental 20
Homburg 220
Humboldt, Alexander von 22
Hummeltal 72
Humsera 58

I

Iphofen 234
Irrhain Kraftshof 138

J

Jean-Paul-Weg 55
Johannisfriedhof 147

K

Karpfenradweg 95
Kaspar Hauser 180
Kiosk 1955 41
Kirchensittenbach 114
Kitzingen 232
Kloster Ebrach 218
Knoblauchsland 136, 163
Konstitutionssäule 206
Kraftshof 138
Kreuzberg 197
Krippenweg in Neunkirchen am Sand 125
Kulmbach 47
Kupferberg 39

L
Lauf an der Pegnitz 128
Leidingshofer Tal 71
Leups 72
Leutershausen 178
Levi-Strauss-Museum 77
Lillachtal 87
Lindenhardt 72
Löwengrube 135
Ludwigskanal 161
Luisenburg 51
Lungsdorf 113
Lusamgärtchen 222

M
Maximiliansgrotte 109
Max Morlock Stadion 158
Mödlareuth 19
Museum Obere Saline 198

N
Naturerlebnisgarten Kirchensittenbach 115
Naturpark Steigerwald 13
Neuhaus an der Pegnitz 109
Neunkirchen am Sand 125
Neuses 28
Neustadt bei Coburg 27
Neustädter Friedhof (Erlangen) 101
Nürnberg 141, 142, 145, 146, 149, 150, 152, 157, 158

O
Ohm, Georg Simon 106
Ölberggruppe 69
Original Hersbrucker Bücherwerkstätte 120

P
Paul, Jean 54
Pegnitz 76
Pegnitztal 110, 113
Poetenweg 51
Pompejanum 204
Porzellanikon – Staatliches Museum für Porzellan 36
Pottenstein 75
Püttlachtal 75

R
Regiomontanus-Sternwarte 145
Reifenberg 83
Rennsteig 24
RömerMuseum Weißenburg 186
Röntgen-Gedächtnisstätte Würzburg 227
Röthenbach an der Pegnitz 131, 132
Röttenbach 95
Rollwenzelei 55
Rothenburg ob der Tauber 177
Rückert, Friedrich 28, 100

S
Sanspareil 52
Schloss Adelsdorf 91

Schloss Fantaisie 53
Schwarzenbach 35
Schwarzer Keller 80
Schwarzes Moor 192
Selb 36
Sittenbachtal 114
Solarberg 170
Sommerkahl 201
Sondheim 194
Stadtkirche St. Jakob (Rothenburg ob der Tauber) 176
Steinbach Bräu 103
Steinwiesen 25

T

Theresienstein 16
Tiergarten Nürnberg 157
Till Eulenspiegel 150

U

Uehlfeld 92

V

Veilbronn 71
Veldensteiner Forst 76
Vexierkapelle 82
Vierröhrenbrunnen 225
Vierzehnheiligen 32
Villa Remeis 57

W

Walberla 84
Weigelshofen 80
Weiglathal 73
Weißenburg 186, 189
Weißenohe 87
Wildbad 175
Wildgehege Hufeisen 76
Wilson, William 146
Wirsberg 40
Wohnstift Rathsberg 98
Würzburg 222, 225, 227
Würzburger Stein 228

Z

Zwetschgenmännla 155